出雲・赤名

あのころの思い出歳時記

夢見草の会

敬文舎

はじめに

20年以上前になるでしょうか。赤名中学校の同窓会に集まったときのことでした。中村、三島、倉橋の3人が、久方ぶりに顔を揃えたとき、

「定年になったらどうする？　あと10年後」

「赤名へ帰って、何か、故郷に役に立つことができたらいいね」

「町の人が、気楽に集まれるサロンのような施設を作るのはどうかしら……？」

それぞれの特技（中村は栄養士、三島は看護師、倉橋は編集者）を生かして、何かができるかもしれないと、本気で考えていました。

その後、施設を作る場所、その内容など、調査をしたり、働きかけをしたりしてはいましたが、なかなかうまくいかず、各人の諸事情もあって、残念ながら立ち消えになってしまいました。

それから十数年が経ち、1年に1、2回、3人が会うようになり、「赤名へ帰る話もなくなったし、何か形に残るものでも作れたら……」と、3人で思いついたのが、歳時記でした。

それも、私たちが、小学校に上がるころを中心とした、「あのころの歳時記」です。

このままだと、忘れ去られてしまいそうな、四季折々の行事、食事、子供

のころの体験を、どんな形でもよいから残したい……と。

赤名は、島根県と広島県との県境、中国山脈のてっぺんといっても過言ではない、山に囲まれた田舎町ですが、古くは、出雲の国、石見の国、備後の国の接点に位置する、重要な宿場町でした。

そこに育まれた文化を、少しでも残すことができたらと、意気込んで始めたものの、誌面の都合上、欠けてしまったものもたくさんあります。

この本を開いて、

「あんなこともあったね、こんなこともあったね」

と、懐かしんでいただけたら、それで充分という気持ちでまとめました。

赤名は広島県との県境に位置する高原の町です。

出雲・赤名

あのころの思い出歳時記　目次

はじめに　2

春　9

戦場となった赤名　10

ひな祭り　12
ばらずしと蛤の吸いもの
甘酒／菱餅／ひなあられ

女の子の春の宴（山上がり）　16
ごちそう弁当

花祭り　18

入学式　18

コラム　草花遊び　20

大人の花見　21
花見弁当

山菜料理　22
土筆ご飯／山葵のしょうゆ漬け
蕨の胡麻クリームかけ／蓬団子
独活のきんぴら／芹のお浸し
筍の山椒煮／淡竹の卵とじ
蕗の薹の天ぷら／蕗のつめ切り
ぜんまいの白和え／山菜の下処理

夏 25

大杉さんと弥山さん 26

端午の節句 28
菖蒲湯／笹巻き／兜の折り方

男の子の秘密基地 32
にぎり飯弁当
●身近にいた鳥たち

コラム 農家の仕事 34
田植えのころ
はしまのにぎり飯

半夏市 36
柴餅

七夕 40
冷やし素麺

夏休み 42
●身近にいた昆虫たち

お盆 44
おもてなしの精進料理／盆団子

コラム 思い出の小学校 46

秋 47

程原入道伝説 48

■お月見 50
衣かずき／お月見団子
●秋の七草

なば料理 52
香茸のおにぎり／しめじのずんだ和え
ほうき茸の油炒め／なめこのおろし和え
木くらげの卵炒め／きのこの団子汁
舞茸の天ぷら／椎茸汁のうどん

コラム 農家の仕事 54
稲刈りのころ

■秋祭り 56

丹塗箭神話 58

コラム あのころの故郷 60

冬 61

●寒さを凌いだ暖房器具 62

赤名の雑煮 77

冬支度 64

冬至 66
かぼちゃの甘納豆煮／柚子と果物のデザート
豆腐のあんかけ

お正月準備 68
つきにわの餅

おせち料理 70
赤貝の殻蒸し／昆布巻き／鰤の照り焼き
紅白なます／かち栗入り黒豆／梅花卵
数の子／寒天寄せ２種／りんご入りきんとん

お正月 72
お屠蘇／お年玉
初詣　お参りの仕方

書き初め／初夢 74
一富士、二鷹、三茄子。／宝船

コラム　お正月の遊び 76

七草 78
七草粥
●春の七草

節分 80
鰯の塩焼き
●煎り豆の利用
鶏の笹身の大豆衣揚げ／白和え
大豆入り炊き込みご飯

コラム　農家の仕事　冬の手仕事 82

コラム　雪遊び 84

謝恩会 86
蛤ずし／豆腐のお吸い物／紅白なます
●小学校時代の思い出

コラム　寒さを乗りきる 88

知恵の玉手箱　89

あのころの故郷の味　90

てんこ餅　90
赤貝ご飯／小豆飯
えんどう豆のご飯／鯖のちらし寿司
むかご飯／塩餡の餅／小田巻き蒸し　91
揚げ茄子／栗ご飯／芳飯
干し大根と豆の煮もの
きゅうりのみそ炒め
鮎のへか　92
ワニの刺身／鯨のみそ汁
でびら鰈／精進かき揚げ
糸瓜の酢の物／古漬けの辛煮　93
みょうがとピーマンの塩もみ／白菜の塩漬け
ちしゃもみ／蕪と干し柿の酢の物
しその葉とじゃこの佃煮風
さつま芋の茎の山かけ

塩餡のおはぎ　94
大根の煮なます／紫蘇穂のみそ絡め
大根の葉のふりかけ／梅干
柚香／蕗みそ／無花果の甘煮／かち栗　95
蒸しパン／香煎／なつめ／蒸かし芋

徹底したエコライフ　96

竹の皮の利用／柿渋の効用

子供の遊び　98

男の子の遊び
女の子の遊び　おじゃみの作り方

民間療法とおまじない　102

お国言葉　104

あとがき　106

春

赤名峠のよ～お
斑雪《はだら》が解けりゃ
梅も桜も一度に咲いて
唄う乙女の　唄う乙女の
それな～　紅の頬

（「赤名小唄」より）

芽吹き始めた雑木林が、
辛夷《こぶし》、山桜、藤の花々に彩られ、
水彩絵具を流したような、
淡い色合いに染まります。
衣掛山が鼓動し始める、待ちに待った春到来。
麓では、土手に、畔道《あぜみち》に、
開花を競い合う、菫《すみれ》、蒲公英《たんぽぽ》、金鳳花《きんぽうげ》……。
冬の間のキーンと張り詰めた大気も和らいで、
無彩色の山里が春の香りに包まれる、
嬉しい嬉しい季節です。

野焼きの煙が
薄紫にたなびく日暮れどき、
春なのに
少し淋しい風景に見えました。

やがて春が終わりに近づくと、
水の張られた田んぼでは、蛙《かわず》の大合唱。
軒下に燕《つばくろ》が巣作りを始めるころへと
季節は移ろっていきます。

戦場《いくさば》となった赤名

今から570年以上も前のこと。天文11年（1542）、大内勢との戦いに備えて、磐鉏川《いわすきがわ》（赤名川）を松崎の獺ヶ渕《おそがふち》で堰き止め、赤名盆地を湖水とします。衣掛城の背面は険峻な谷、前面は湖と、万全の地理条件で敵を迎えました。敵勢4万余に対して、尼子最前線の赤穴軍は、わずか2千。日本で最初に鉄砲を実戦配備して2か月余り、時を稼いで尼子の勝利を導きました。

戦略としては、こんな話も伝えられています。岩を藤のつるで結び、城を目指して登ってくる敵兵目がけて切り落としました。そのときに、敵の血がどうどうと流れたという〝どうどう谷（上赤名）〟の地名が、今も残っています。瀬戸山城（衣掛城）を藤づる城と呼ぶのはその所以です。

現在、衣掛山の山頂へは、20～30分で登ることができる、ハイキングコースになっています。そこには、往時を偲ばせる崩れた城の石垣の一部が残っており、赤名の町を一望することができます。

赤名宿は、出雲、石見、備後を結ぶ重要な接点です。幕府運上銀銅輸送の大切な役割も担っていました。

春色に染まる衣掛山。

ひな祭り

春の訪れが遅い赤名のひな祭りは、4月3日、ひと月遅れでした。

そもそも、ひな人形は、災いや穢《けが》れをその身に引き受けてくれる形代《かたしろ》。

山里のこの地でも、子供の健康と幸せを願って、ささやかに行われていた、春一番の行事でした。

女の子にとっては、その日は特別な日。インターネットもテレビもない時代のこと、唯一の情報源であった雑誌のグラビアの七段飾りなどを見ては、秘かに憧れを抱いていたものです。

たとえ現実は、豪華な段飾りでなくても、素朴な土で作った人形や、手作りの抱き人形などを、それらしく並べて、それなりに楽しみました。

ひな人形を飾るのは、ひと月前くらいから。ただし、しまうのは、翌日中に。

「しまい遅れると嫁に行きそびれるよ」

と、祖母や母に諭されたものです。

ばらずしと蛤の吸いもの

ばらずし（4人分）

すし飯の作り方

❶水加減は一割増。だし昆布1枚を入れて30分置き、酒大さじ1を加えて固めに炊く。
❷米酢大さじ4、砂糖大さじ2〜3、塩大さじ1/2弱を合わせて温め、合わせ酢を作る。
❸炊き上がったご飯に②を加え、切るように混ぜる。
❹すし飯が温かいうちに煮ておいた具を混ぜる。
❺盛り付けて、錦糸卵、ゆでた三つ葉、でんぶ、木の芽などで飾る。

具の作り方

❶戻した干し椎茸、かんぴょう、人参は、食べやすい大きさに切っておく。ごぼうはささがきにし、サッと水にさらしてアクを抜く。
❷椎茸の戻し汁とだし汁に①を入れ、アクを取りながら煮る。沸騰してきたら、砂糖、酒、しょうゆで煮含める。

蛤の吸いもの（4人分）

作り方

❶3カップの水に酒少量を加え、蛤8個を入れて火にかける。
❷貝の口があいたら、味を見ながら、塩で調整する。
❸蛤2個を椀に入れ、汁を張って、サッと茹でた菜の花をのせる。

甘酒

❶もち米2.5合を柔らかめのおかゆに炊く。水気が足りない場合は、熱湯で調節し、粗熱を取り（70℃位）麹1kgをほぐして混ぜる。
❷炊飯器の保温の状態（60℃）で、10時間ほど置くと出来上がり。

菱餅

❶水で溶いた食紅、茹でてあく抜きし、細かく刻んだよもぎを加えて、3色の餅をつく。
❷それぞれを平らに伸ばし、少し固くなったら、3枚を重ねて菱形に切る。

ひなあられ

❶3色の餅を干して砕く。
❷低い温度の油で①をゆっくり揚げる。
❸底の広い鍋で、砂糖に水少量を加えて弱めの火加減で煮詰め、飴状になったら②を入れて、素早くからめる。

女の子の春の宴（山上がり）

ひな祭りの楽しみは、屋内だけではありませんでした。

石次《いしつぐ》あたりの風習ですが、朝のうちから、筵《むしろ》をかついで近くの山に登りました。

おばあちゃんや、お母さんが作ってくれた、ごちそう弁当を、ほご（背負い籠《かご》）に入れて……。

ペットボトルなどない時代でしたから、水分補給は、番茶入りのやかん。

見晴らしのいい目的地に着いたら、平らな場所を見つけて、筵を敷きます。そして、めいめいが持ち寄ったお弁当を並べます。

食べては踊り、歌っては食べる、いろいろなゲームもしました。

日がな一日、飽きることなく、山の端に日が沈むまで宴は続きました。それは、一年に一度の、とても楽しい行事でした。

ごちそう弁当

お弁当の主役は、お寿司。のり巻きの紅いでんぶの甘みと、芹のシャキシャキ感は懐かしい味です。いなり寿司は、三角でした。ばら寿司に入れる具を、小さく刻んですし飯に混ぜたもので、ちょっと甘めに煮た油揚げから、はみ出さんばかりのボリュームでした。そして定番の煮しめ。里芋、筍、人参、昆布、椎茸。なかでも紅い板かまぼこは、この日のために、お母さんが、特別に用意してくれたもの。

花祭り

4月8日はお釈迦さまの誕生日。安楽寺の保育園に通っていた子供たちのお稚児さんが、張り子の象を一生懸命曳いて、町中を練り歩き、お祝いをしました。行列が寺に帰ると、皆に甘茶が振る舞われました。

入学式

昭和24年、私たちは小学1年生になりました。終戦から間もない時期のことです。ランドセルを背負ってくる子は、ほとんどいませんでした。足元をご覧ください。靴が見当たりません。下駄、わら草履、ゴム草履。そんな時代でした。

草花遊び

れんげ畑に寝転んで、青い空を見つめた日は、遠い思い出です。野の花や、草たちは、身近な遊び道具でした。学校帰りに道草するのも楽しみのひとつでした。

れんげの首飾り

白つめ草の冠と同様に編んで作ります。いずれも、茎に弾力性があるものが、適していました。

白つめ草の冠

クローバーの花をたくさん摘み、花首を絡ませて編んでいきます。れんげの花でも作りました。

水車

タジッポ（イタドリ）やタンポポ、蕗《ふき》の薹《とう》などの茎の両端を細く裂いて棒を通し、Y字の木切れを田んぼのほとりの溝など、水の流れに立ててのせると、水車のようにくるくる回ります。

すみれ相撲

すみれの花首を絡ませ合って、どちらが勝つか？ 先にちぎれたほうが負け。

大人の花見

赤名地方が桜の花の満開を迎えるのは、4月の半ばを過ぎてから。神社へ向かう、脇の参道の横には、立派な花を咲かせる桜が何本もありました。

満開の時期と、休みが重なった日など、大人たちの花見は賑わいました。ござを敷いて、車座になり、ねじり鉢巻きで踊る人、一升瓶を抱えて歌う人……。

おじさんたちも、おばさんたちも、ご機嫌でした。

花見弁当

やはりお寿司が中心のお弁当です。のり巻き、いなり寿司に、押しずしが加わり、重箱の中は、華やいでいました。煮しめもバラエティーに富んでいました。この時代、まだ、それほど経済状態が良くはなかったはずなのに、お祭り好きのおばさんたちは、精いっぱいのご馳走を作って、張り切っていました。

山菜料理

水がぬるみ、雪が解け始めると、最初に顔を出すのが蕗《ふき》の薹《とう》です。田んぼの辺《ほと》りには芹《せり》、土手には土筆《つくし》が……。わが故郷は、山菜の宝庫でした。

土筆《つくし》

土筆ご飯

❶米２カップを、酒大さじ１、昆布茶小さじ１を入れて炊く。❷頭の固い土筆100ｇの袴を取り、炭酸小さじ1/2を入れた熱湯でサッと茹で、冷水に10分ほど浸けてアクを取る。❸②の水気を切り、酒、みりん、薄口しょうゆ各大さじ1で炒り煮する。❹炊き上がったご飯に③を合わせ、ふわっと混ぜる。

山葵《わさび》

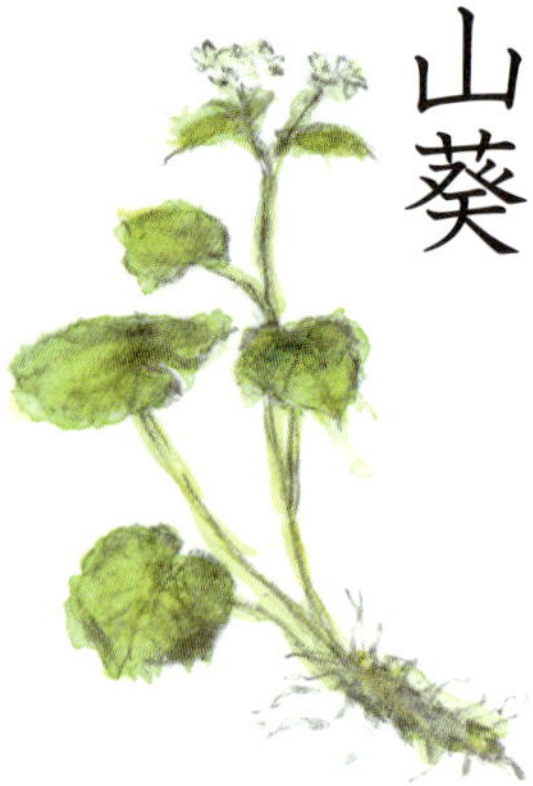

山葵のしょうゆ漬け

❶洗って水気を切った山葵１kgを7～８㎝の長さにちぎる。❷塩大さじ1½杯を振って混ぜ、しばらく置いて力を入れて混ぜ、しっかり絞る。❸薄口しょうゆ、酒、みりん各75cc、昆布だし300ccで作った漬け汁に入れてほぐし、びんに入れて密封。２日ほどで食べごろに。

蕨《わらび》

蕨の胡麻クリームかけ

❶アク出しした蕨は、３～４㎝の長さに切っておく。

❷だしをとり、吸い物より濃いめの味を付けて冷まし、蕨を浸す。

❸ボウルに胡麻クリームとポン酢を入れて混ぜ、②の蕨にかける。

蓬団子

❶蓬は、茹でて水にさらし、アクを抜く。しっかり絞って、細かく刻む。❷ボウルに団子の粉、①、ごく少量の塩を合わせ、熱湯を少しずつ加えながら混ぜ、耳たぶほどの固さになったら棒状にする。❸湯を沸かし、②をちぎりながら落として茹で、冷水で冷やす。❹水気を切って、器に盛り、甘く味付けした茹で小豆をかける。

蓬《よもぎ》

独活のきんぴら

❶皮の毛をたわしなどで取り、4～5㎝の長さの線切りに。
❷鍋に油大さじ１を入れて熱し、①と２～３個に切った赤唐辛子１本を入れ、油が回ったら酒、しょうゆ、みりんで調味し、好みの固さになったら煎りごまを振る。

独活《うど》

芹のお浸し

❶芹はサッと塩茹でし、冷水に移し、しっかり絞って3～4㎝に切る。
❷①をボウルに入れ、薄口しょうゆと鰹節で和える。

芹《せり》

筍の山椒《さんしょう》煮

❶ゆでた筍200gは、５㎜ほどの厚さに切る。❷鍋に、水１カップ、酒、砂糖、薄口しょうゆ各大さじ１、花鰹のミニパック１を入れて、煮汁が半分以下になるまで中火で煮る。❸みそ大さじ１と、粗く刻んだ山椒を加え、煮汁がなくなるまで煮含める。

淡竹《はちく》の卵とじ

❶淡竹（正味300g）は、斜め薄切りにして、いりこのだし汁３カップで煮る。❷柔らかくなったら、薄口しょうゆと塩で味を調え、溶かした卵を流し入れて火を止め、ねぎを散らす。

蕗《ふき》の薹《とう》の天ぷら

蕗の薹は春の使者。いちばん身近な料理としては天ぷらですが、蕗みそもよく作られました。また、豆腐の味噌汁にも刻んだ蕗の薹がよく合い、ほろ苦い風味が口いっぱいに広がります。

蕗のつめ切り

❶蕗の薹のそばに出てくる、まだ細い蕗を、細かく切って水にさらす。❷沸騰した湯の中に①を入れてサッと茹で、ザルに移して水気を切る。❸鍋に②としらす干し、ひたひたの水を入れ、沸騰したらアクを取る。しょうゆと砂糖少量で煮る。

ぜんまいの白和え

準備

❶塩漬けのぜんまい400ｇは、銅線などを入れて、ふっくらするまで茹で、水に放つ。少し塩気が残っている状態なるまで水を取り替える。❷だし汁1カップ、酒、薄口しょうゆ各大さじ1強を、鍋に入れ、①を入れて沸騰したら火を止め、味を含ませる。

作り方

❶塩出ししたぜんまい1/3を３～４㎝に切る。❷木綿豆腐1/2丁は重石をして水気を切る。❸すり鉢にいりごま大さじ2を入れてよくする。②を加えてさらにすり、ねっとりしてきたら、砂糖大さじ1、塩小さじ1/2で調味。❹ぜんまいを入れて和える。

山菜の下処理

わらびや蕗など、アクの強いものは、木灰や、重曹で、筍は、糠《ぬか》と唐辛子を入れて茹でてアク抜きをする。ぜんまいのように、保存食にする場合は、塩漬けにし、使う分だけ銅製の鍋、または銅線を入れて茹でると緑色になります。手間がかかるのが山菜です。

夏

夏が来るかよ～お
城山かげで
あの日恋しと　山ほととぎす
鳴けば草葉の　鳴けば草葉の
それな～　露と散る

（「赤名小唄」より）

夏の日差しを浴びて咲いていた、
今はレトロな花、ダリア、カンナ、鳳仙花《ほうせんか》、
……そして松葉牡丹。
どこの家の庭でも見かけました。

赤名は、標高４００m余りの高原の町。
あのころの夏は、とても涼しくて、
外気温も30℃を超すことは稀で、
茅葺屋根の屋内は、25～26℃でした。

日差しはギラギラ強くても、木陰は爽やか。
神社やお寺の境内は、
子供たちにとっては、かっこうの遊び場、
日が落ちるまで、
賑やかな声であふれていました。

やがて、カナカナと
日暮らしが鳴き始めると、
夏も終わりに近づきます。

大杉さんと弥山《みせん》さん

通称〝大杉さん〟と呼ばれている石次《いわすき》のこの場所は、あまり知られていませんが、歴史的には重要な地点です。その近くに、花崗岩の石組みがご神体の「今石神社」があります。小さな祠が幣殿、その手前が拝殿です。秋の大祭には、大昔から神の御幸が行われている所です。

そのわけは、須佐之男命が紀伊の国から出雲を目指し、最初の拠点を作った加茂族の本拠地とされているからです。加茂族は、翻って葛城へ進出し、別の一族は出雲中央部へ移り、広く勢力を張っていきます。のちに出雲族といわれる勢力です。

大杉さんから東を仰ぐと琴引山（1013m）、親しみを込めて〝弥山さん〟と呼んでいる霊山があります。『出雲国風土記』に、「古老が言うには、山頂の下の窟屋に大国主命の琴（長さ2m8㎝、幅88㎝、厚さ44㎝）がある。それ故に琴引き山という」、と記されています。この琴の来歴は、『古事記』によると、大国主命が、須佐之男命から賜った「天《あめ》の沼《ぬ》琴《ごと》」。この琴は、単に祭祀に用いたものではなく、ちょっと触れただけで、山津波を起こすほどの威力があり、現在で言えば、インターネットのような存在。軍事上の重要なツールと見なされていたようです。

国譲りの後、大国主命はもちろん、何人《なんぴと》も触れてはならない、平和維持の象徴とされていたようです。

大杉さんから琴引山（弥山さん）を望む。

端午の節句

山の緑が瑞々しく輝き始めるのが6月、桃の節句と同様に、ひと月遅れで祝った男の子の節句です。武者人形や鎧、兜を飾り、鯉のぼりを掲げて、男子の立身出世を願いました。

菖《しょう》蒲《ぶ》湯《ゆ》

6月5日のその日には、菖蒲や、蓬を束ねてお風呂に入れ、健康を祈願しました。菖蒲は勝負につながり邪気を払う、蓬も古くから伝えられている薬草です。爽やかないい香りがしました。勢いよく空を泳ぐ、あの鯉のぼりの鯉は、急流をのぼって竜になるという、中国の伝説から来ているといわれています。

笹巻き

団子の粉は、耳たぶほどの固さにこねて、団子状にして笹の葉で三角に包み、たっぷりの湯で茹で上げます。砂糖で甘く味付けした黄粉、または、砂糖じょうゆでいただきます。団子の粉は、それぞれの家で特徴がありました。うるち米だけだと、もっさりとした素朴な味、もち米が多いと、弾力性には優れますが、早く固くなります。再度茹でて。

茅葺屋根の上を泳ぐ鯉のぼり。男の子が生まれると、１匹ずつ増えていきました。あのころの鯉のぼりは、ほとんどが紙製で、ゴワゴワと大きな音を立ててなびいていました。

端午の節句

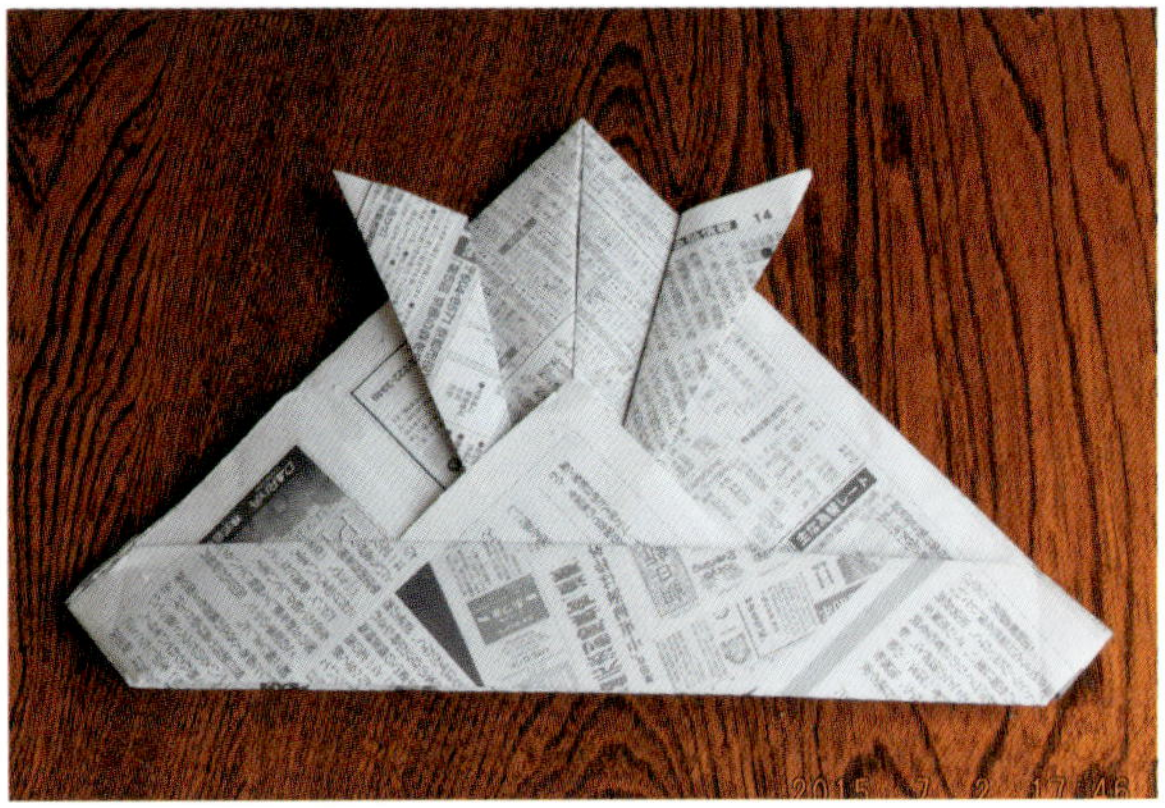

当時、和紙は貴重なうえに、田舎町のこと、気の利いた物を手に入れることもできませんでした。そこで、子供たちは新聞紙で兜作りです。出来上がった兜をそれぞれが被り、チャンバラごっこに興じました。

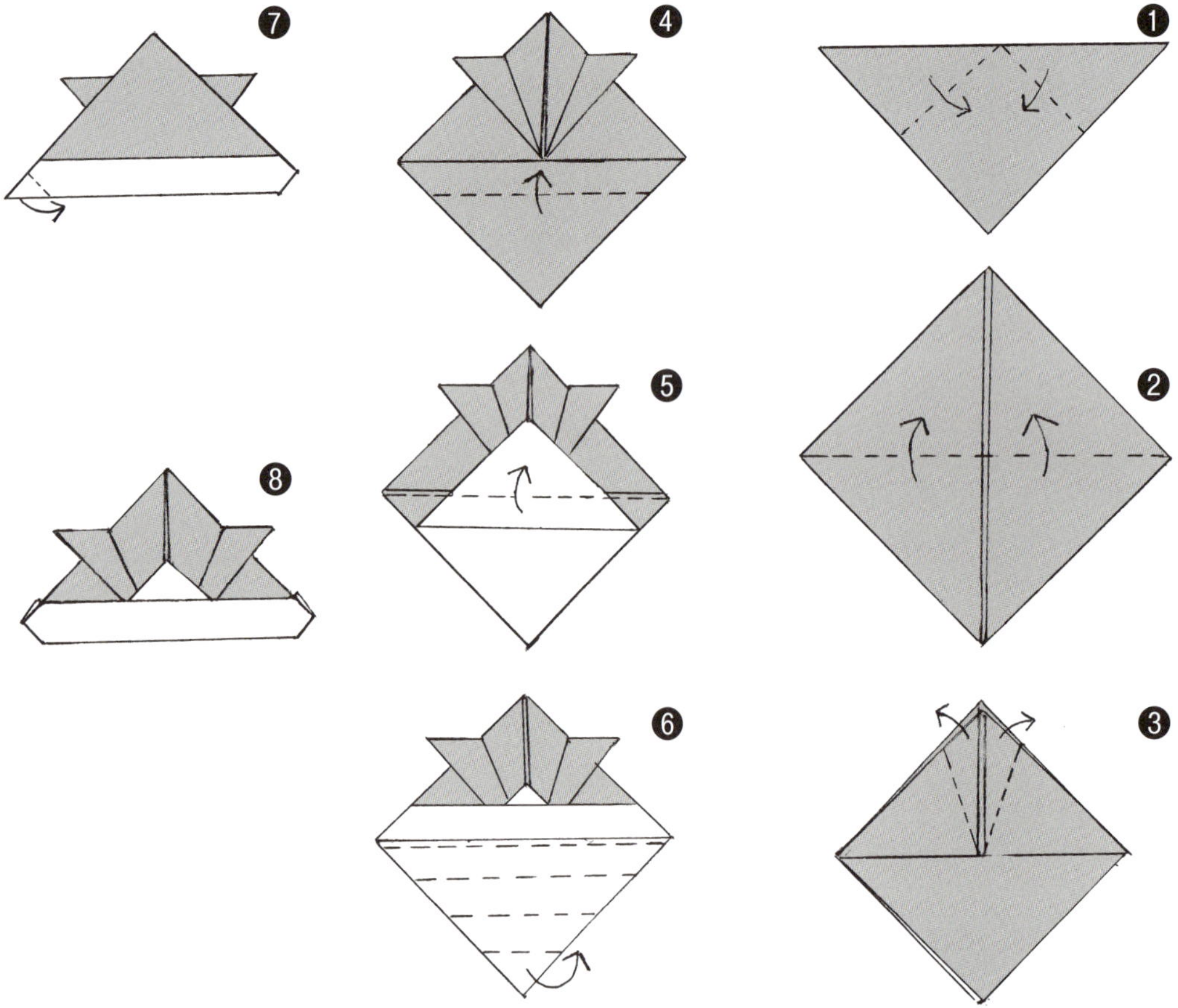

兜の折り方

正方形に切った新聞紙を用意する。
❶三角に折り、点線を谷にして下に折る。
❷①で折った部分を折り上げる。
❸点線の部分を左右に折る。
❹下の１枚だけを折り上げる。
❺縁の部分は４㎝くらいになるように折り上げる。
❻裏返して後ろの縁を前の縁の寸法に合わせて折り上げる。
❼左右の角を折り返し幅の半分を兜の内側に返す。
❽出来上がり。

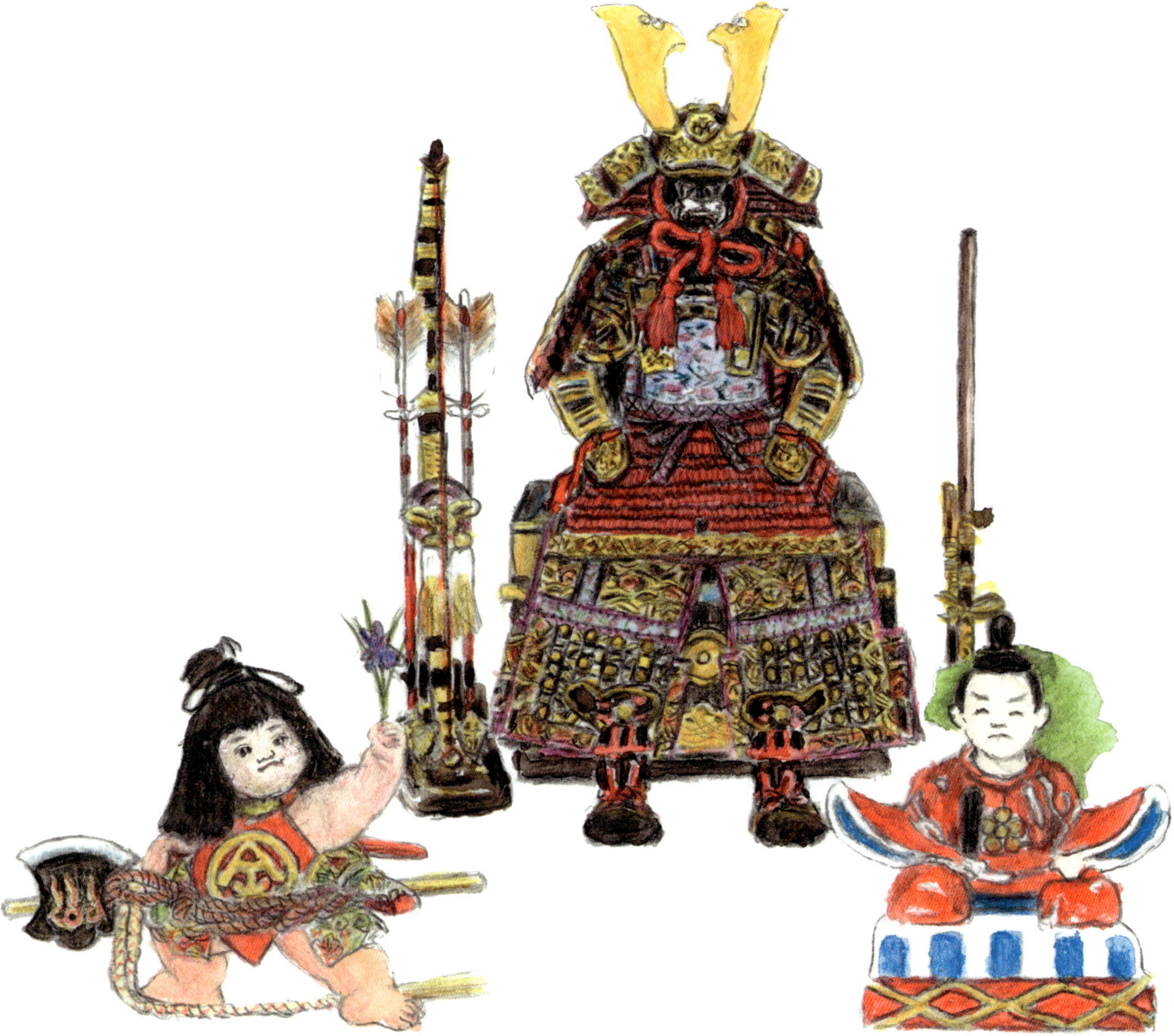

鎧兜がない家にも、土で作られた三次人形の天神様、金太郎はよく見かけました。この三次人形は、江戸時代、浅野長治が江戸から人形師を呼んで、土人形を焼かせたのが起こりと伝えられています。

男の子の秘密基地

気の合った子供同士が集まって、お弁当持参の山行きです。藤づるにぶら下がって、ターザンごっこ、木の枝を折ってチャンバラごっこ。

グループを取り仕切るのは、低学年の仲間の面倒もよく見るガキ大将。

木の葉や、枯れ木などで小屋らしきものを作り、そこを起点にちょっと奥まで探検に出かけ、神秘的な沼を見つけたりすると、心が躍りました。

にぎり飯弁当

右　板わかめをほぐしてご飯に混ぜたおにぎり。
中　梅干をちぎってご飯に混ぜたおにぎり。
左　いり胡麻を混ぜたご飯をにぎり、たか菜（漬物）でくるんだおにぎり。
たくあんを添えて、包んであったのは、決まって竹の皮でした。

身近にいた鳥たち

春の到来を告げるうぐいすの声、軒下につばめが巣を作り、子育てを始める。

夜になると、裏山からふくろうの鳴き声。あのころは、とても贅沢な自然の中に浸っていました。

農家の仕事

田植えのころ

雪が消え、春の訪れとともに、農家の仕事が始まります。田植えにこぎつけるまでには、さまざまな作業が控えています。現在のような便利な農機具のなかった、昭和30年代までは、すべてが人力によるものでした。改めて、米作りの大変さを痛感します。田起こし、代かき。牛は、重要な作業仲間でした。

農繁期には、学校も休みがあって、子供たちも一人前に手伝いをしたものです。やがてその子供たちは、経験を積んで、立派な跡取りへと成長していきました。

お父さんは、後ろに付けたすきを操り、子供は鼻取りをする。親子で力を合わせ、牛の力を借りての田起こし。

古い株を起こし、ひと鍬ずつ掘り返す人力による田起こし。

水を張った田んぼを平らにならす、代かき。

平らにならした表面に、筋を付けて田植えの準備。

目印の線を頼りに、後ろへ下がりながら苗を植えていく。仲間とのペース配分が大切。

植えた苗を倒さないように前に進む田植え。手持ちの苗が無くなったら、畦からコントロール抜群の投げ手が投げてくれる。

はしまのにぎり飯

板わかめをまぶしたおにぎりや、梅干入りのおにぎりを、板わかめで包んだ、簡素なものでした。休憩時間を節約して、田んぼのほとりに腰を下ろし、やかんに入った、香ばしい番茶でいただきました。

はしまとは、食事と食事の間にとる軽食のこと。出雲地方の方言です。

半夏市

半夏生《はんげしょう》は、七十二候のひとつで、夏至から数えて11日めに当たり、7月2日ころ。赤名の半夏市は、農作業が一段落したこの時期、江戸時代から牛馬の市が立っていたという、歴史のある催しです。

古くは、町の道路の片側に、多いときは700〜800頭の牛がつながれ、相当な賑わいようだったようです。

私たちの小さかったころは、小規模な牛市の記憶はありますが、それよりも、町中に並ぶ露店や、見世物小屋、ミニサーカスや、のぞきなど、心躍らされて巡り歩いたものです。

余談ですが、「気候」という言葉、二十四節気の「気」と、七十二候の「候」から生まれたといわれています。

半夏市が来るのを楽しみにしていたひとつが、この柴餅です。山帰来（サルトリイバラ、タタラ）の葉が成長するのがこの時期、どこの家庭でも作ったものです。

柴餅《しばもち》（20個分）

❶小豆300gを柔らかくなるまで煮て、砂糖300gと塩少量で甘く味を付け、丸めて20個の餡を作っておく。
❷団子の粉500gをボウルに入れ、サラダ油少量を入れてよく混ぜる。
❸100ccほどの水を、70～80℃に熱し、①に入れながら箸で混ぜる。
❹さらに水200ccを加え、しっかりこねる。耳たぶの固さになったら、棒状に伸ばし、20個の団子を作り、乾かないように濡れ布巾をかけておく。
❺④で①の餡を包んで平らにし、山帰来の葉に挟んで、蒸し器に重ならないように並べ、15～17分蒸す。
※もちが葉に付かないように、色々と工夫しました。団子の粉に少量の油を入れる、葉に油、または水溶き片栗粉を塗る……など。

半夏市

賑わう街並み

大人も子供も、この日ばかりはとても楽しげでした。

のぞき

小さな穴から中をのぞくと、弁士のおじさんの「武夫がボートに移るとき〜、浪さん白きハンカチを〜（徳富蘆花の「不如帰」）」などの口上に合わせて、絵がパタンパタンと入れ替わりました。

ヨーヨー釣り

水を入れた風船を棒の先のカギの部分で釣り上げます。

金魚すくい

形や色のきれいな金魚を狙うと、決まって和紙の網は無残に破れました。

射的

コルクの弾で、目標を狙うのですが……。

茶碗売り

露店の中でも一番人気は茶碗売りでした。その口上がとても面白く、とくに茶碗屋の皿の数え方は独特で、「宮島の鹿の角」「茶碗屋は正直だ」。これでぴったり10枚になるのです。

また、「あれ見やしゃんせ、鳥が鳴く、三保の松原誓願寺、裸で寝たとて惚れたじゃないが、お前の虱が移るから」というような、ちょっと際どい口上もありましたが、子供の私たちにはチンプンカンプン。芸達者なおじさんの周りには、いつも老若男女の人垣ができていました。

七夕

天の川の両岸に、引き離された牽牛と織姫が、年に一度逢瀬を許されるという、中国の伝説に由来する行事です。

　あのころの赤名は、灯りが少なく、夜空を見上げると降るほどの星、天の川が白く横たわり、

「あれが牽牛、こっちが織姫」

と、母が指す先に、容易に二つの星を見つけることができました。

　七夕飾りは、前の日の朝、里芋の葉にたまった露を集めることから始まります。それで墨をすって、短冊に願いごとを書く。さらに紙細工の網などを作ってこよりを通し、笹竹に結びました。

翌朝には、近くの川へ七夕飾りを流しに行きました。現在は、環境保護のため川に流すことも、焼くこともできませんが、とてもおおらかな時代でした。

冷やし素麺

この時期、素麺や、うどんはよく食べていましたが、七夕らしく、母の心づくしの工夫もありました。星をかたどった人参や、錦糸卵が薬味に添えられたりして、いつもより、ちょっと気張ったものでした。

夏休み

指折り数えて待った夏休み。山が、川が、遊びにおいで、泳ぎにおいでと呼んでいました。でも、宿題は必ずありました。基本はドリル1冊分をやること。気の早い者は、早々にそれを片づけて、遊びに備えます。が、遊び優先だった者は、夏休みが終わりに近づくと、ねじり鉢巻きで、宿題に取り組む、というような思い出も懐かしいですね。

蝉《せみ》とり

トンボや、蝶々を集めて、標本を作ったり……。

押し花

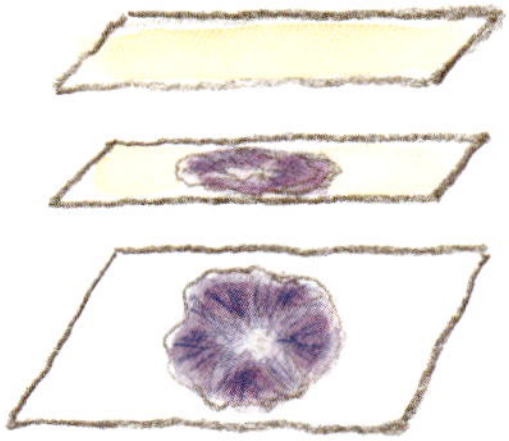

新聞紙の間に花を挟み、重石をして作る、簡単なものでした。

絵日記

毎日の出来事のほかに、朝顔の生育日記をつけたりしました。

蛍狩り

今は、護岸工事で土手が様変わりし、蛍の宿がなくなって、数も減ったとか。

身近にいた昆虫たち

草花や、鳥たちと同じように、あらゆる昆虫も仲間でした。紋白蝶が飛び始めると春、蛍のはかない光に初夏、せみの鳴き声で、真夏から初秋へ。やがて赤とんぼが舞い始め、秋の虫たちが鳴き始める。

昆虫たちの世界とともに、季節の移ろいをごく自然に感じたものです。

揚羽蝶

紋白蝶

かぶと虫

蛍

川遊び

魚をすくったり、田螺《たにし》を獲ったりするよりも、泳ぐことが多かった。

ラジオ体操

朝早く学校の校庭に集まって。三日坊主の怠け者もいました。

夏のおやつ

ラムネ、西瓜、アイスキャンデー、かき氷。懐かしい夏のおやつ。

花火

線香花火のはじける音と、独特の香りは、今でも忘れられません。

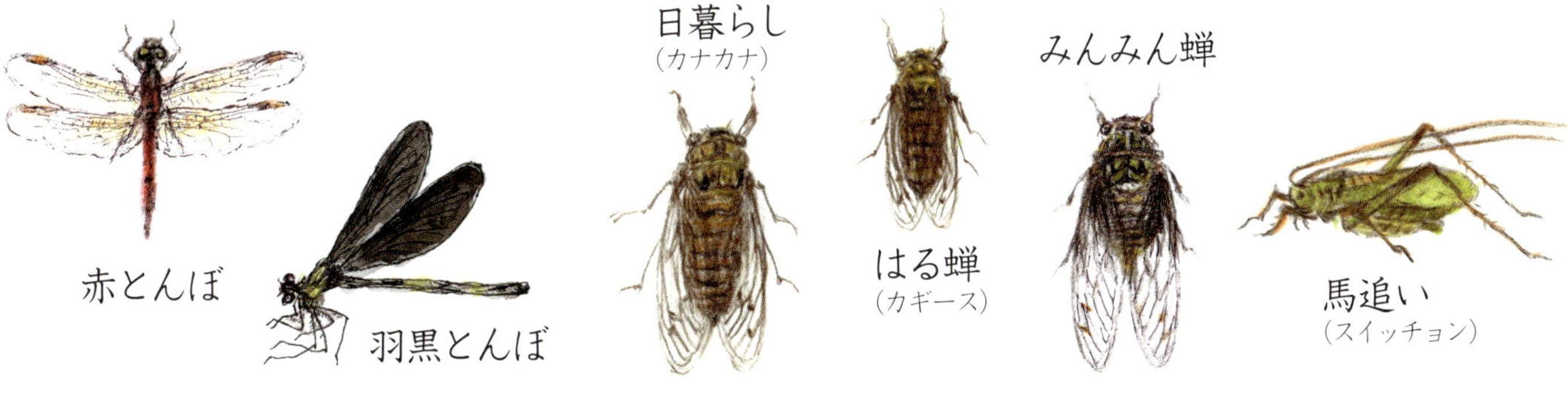

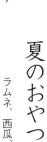

お盆

正式には、盂蘭盆会《うらぼんえ》といい、ご先祖様の精霊を迎える仏事です。迎え盆の8月13日の夕方には、ここにお帰りくださいと、目印の迎え火を焚き、16日の夕方には送り火を焚きました。盆の間は毎日お墓参りをしたものです。

ご先祖様が乗ってくる、きゅうりの馬や、なすの牛を作り、仏前に、神棚に供えました。

おもてなしの精進料理

お盆のごちそうは、うどんや素麺が中心でした。

短冊に切った茄子入りの、だし汁をかけた素麺は、薬味をたっぷりかけます。野菜の天ぷらは、茄子、さや隠元、さつまいも。人参とごぼうのかき揚げ。そして茹でたとうもろこし。

盆団子

❶団子の粉に水を加えて混ぜ、耳たぶの固さになるまでこねる。よくこねると、きめが細かくなり、口当たりがよくなる。
❷沸騰した湯の中に①を入れ、浮き上がったら、ふた呼吸ほど置いてザルに上げ、冷水で粗熱を取って水気を切る。
❸砂糖と少量の塩で、好みの甘さを付けた黄な粉をバットなどに入れ、②を加えて揺すりながらまぶす。

盆踊り

お寺の境内や、学校の校庭、広場などで開かれました。記憶によると、東京音頭や、炭坑節のような賑やかなものではなく、

「ヤ～ハトナ～ァ、ヤ～ハトナ～エ」

というような合いの手の入った、哀調を帯びた盆踊り唄でした。櫓《やぐら》の上で唄う、声自慢のおじさんの唄に合わせ、大人も子供も無心になって踊ったものです。

思い出の小学校

衣掛山の麓の赤名小学校は、近代的な校舎に建て替えられてしまいましたが、風格のある全景、夕日が差し込む広い廊下、夢に出てくるのは、決まってあの古い学び舎です。

小ぢんまりとした、とても丁寧な造りの谷小学校は、教育文化遺産として、当時のままの姿で残されています。

赤名小学校

赤名小学校校歌

一、女亀の山の麓より
流れ流れて末ついに
海となりぬる赤名川
その源のにごらねば
末の流れも清くして
永久に鏡とすめるかな

二、清き流れに名を得たる
赤名の川の水のごと
われらも心ににごりなく
われらも心によどみなく
慎み深くいそしみて
ほまれ流さん千代八千代

明治30年頃制定
作詞　香川啓太郎
作曲　不明

谷小学校

谷小学校校歌

一、むらさき匂う　城山の
峯にはるかな　夢のせて
若木は空へ　たくましく
伸びるよ　谷の小学生

二、しあわせうたう　谷川の
水に明るい　めをよせて
つぼみは明日へ　美しく
ひらくよ　谷の小学生

三、人の心の　あたたかく
山川はえた　ふるさとに
わたしとあなたと　手をつなぐ
たのしい　谷の小学校

昭和37年制定
作詞　宮田朝海
作曲　難波　正

秋

深山しぐれりゃよ〜ぉ
赤名で一夜《ひとよ》
旅の夢見は淋しゅうもあろうが
招くすすきの　招くすすきの
それな〜　深なさけ

（「赤名小唄」より）

彼岸花が、土手や田んぼの畔を紅蓮に染め、
どこからか、金木犀《きんもくせい》の香りも漂ってくる……。
黄金色に色づいた稲穂の上を、
澄み渡った青空に向かって、
赤とんぼが飛び交うころになると、
いよいよ赤名は、秋本番に入ります。
やがて、衣掛山の木々が色づいて、
山里は、錦の衣をまとって華やぎます。

秋が深まると、大気がピーンと張り詰めて、
早い夕暮れとともに、
どこから湧いてくるのか、霧が立ち込めます。
街灯も、ほのかににじんで見える、
ちょっと淋しい晩秋です。
そして、冬は、
足早に近づいて来ます。

程原入道伝説

今から800年以上も前のこと、文治元年（1185年）、壇の浦の戦いで、平家は滅亡しました。戦いに敗れた平家の人々は、全国に流れ、身を潜めるように生きてきたといわれています。ほとんどが人里離れた、山深い里で、平家の落人部落として各地に点在しています。旧谷地区の程原もそのひとつです。

言い伝えによりますと、平家随一の勇将といわれた門脇中納言教盛《のりもり》の奥方が、数人の従者とともに程原の地へ逃れてきたといいます。そしてここでは、世を忍ぶ高貴な女性の匿名として、「ユナゴゼ、有名御前」、すなわち、誰にも言うな、と呼ばれていました。

間もなく御前は男の子を出産します。父親の名の一字を取って教本と名付けられました。そして、母御前とともにこの地に永住しました。

教本は、後に入道して門脇程原入道教本と称し、寺（長徳寺の前身）を建てて、平氏の菩提を弔ったそうです。今でも、有名御前の形見の鏡と、母子の墓、お寺の跡が残っているとか……。

秋の風情漂う谷八幡宮の参道。

お月見

中秋の名月は、旧暦の8月15日です。お天気さえ良ければ、衣掛山から昇る月は、大きく輝いて見事でした。

新暦は、明治5年から採用された太陽暦のこと。旧暦は、月の満ち欠けを基にして、古くから伝えられたもので、新暦とは1か月余りのずれがあります。

衣かずき

❶里芋は、よく洗って塩少量を入れた水で、柔らかくなるまで茹で、ザルに上げて粗熱を取る。
❷里芋の半分くらいのところに、ぐるりと包丁を入れ、上の皮だけをむく。
❸ごま塩を振ったり、梅みそを付けて。

お月見団子

作り方は、盆団子と同じですが、砂糖じょうゆや、黄な粉を付けていただきます。

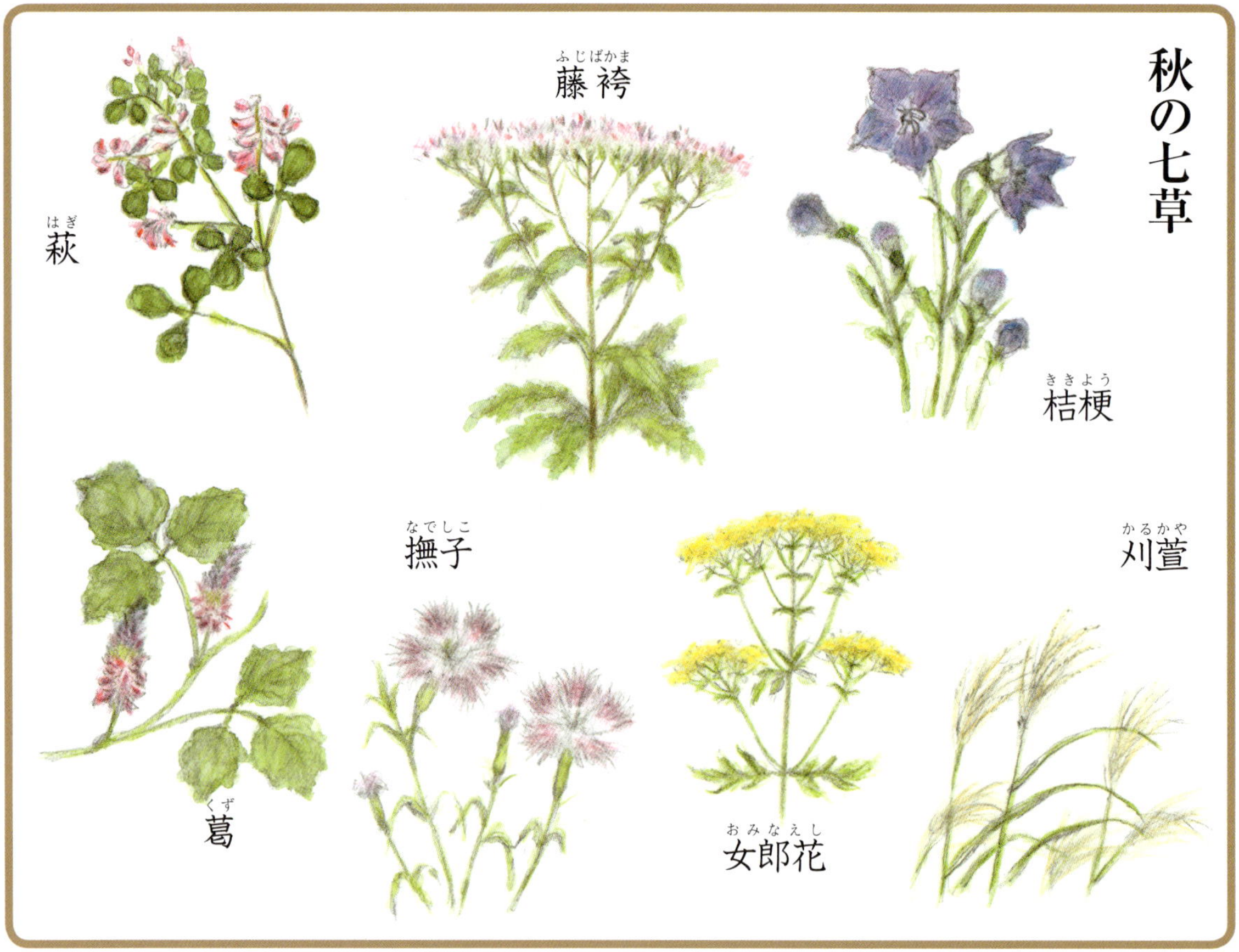

なば料理

〝きのこ〟のことを〝なば〟と呼んでいました。方言です。この時期になると、色々な形で食卓に登場しました。とくに〝なばこぎ(きのこ狩り)〟に出かけるのが最大の楽しみで、香茸やしめじなどの群生を見つけたときは、興奮したものです。

香茸《こうたけ》のおにぎり

塩気が少し残るくらいに塩出しした香茸を刻み、ご飯に混ぜて握る。
※香茸の塩漬けの仕方　石突を取って、たっぷりの水につける。ザルに上げて塩を振り、全体に塩が回ってから大まかに裂く。再度たっぷりの塩をして保存する。石突を取って、わらを通して乾燥させる保存方法もある。香茸は、香りがよく、煮しめや、炊き込みご飯など、活躍する場が多い。

しめじのずんだ和え

❶枝豆（正味200g）は、塩ゆでして薄皮を取り、布巾に包んですりこぎで叩きつぶしてから、すり鉢でする。❷しめじ1パックは、石突を取って適当な大きさにほぐし、酒大さじ2、薄口しょうゆ小さじ1、だし汁大さじ1でサッと煮て冷ます。❸①の枝豆に煮汁少量を加え、砂糖、塩で調味し、②を入れて和える。

ほうき茸(すす茸)の油炒め

❶下処理したほうき茸300ｇは、食べやすい大きさに裂く。❷あらめ200ｇを戻して食べやすく切る。❸赤唐辛子1本は、種を取って、3〜4個の輪切りにしておく。❹①〜③をサラダ油大さじ2で炒め、合わせておいた調味料（酒、しょうゆ各大さじ4、砂糖大さじ3、みりん大さじ2、酢大さじ1）を入れて、煮汁が無くなるまで、中火で煮る。

なめこのおろし和え

❶なめこ2袋は洗ってザルに移す。❷沸かしたお湯に塩少量を入れて、①を茹で、沸騰したらザルに上げ、水気を切る。❸大根500ｇは、すりおろしてザルに取り、軽く振って水気を取ってボウルにあける。薄口しょうゆ、みりん各大さじ1で調味し、②を和える。柚子の皮の線切りを天盛りに。

木くらげの卵炒め

❶乾燥木くらげ大3枚は、水に戻して一口大に切る。❷春菊1把は、葉と茎に分け、茎は3㎝位に。生姜小1片は線切り。❸生姜をサッと炒め、木くらげを入れてしょうゆ大さじ1で味を付け、取り出しておく。❹③の鍋にサラダ油を入れ、ほぐした卵2個分を流し込み、大きく混ぜて半熟状態になったら、春菊の茎、③、春菊の葉の順に入れ、にんにくじょうゆ、塩で調味。火を止めてから、ごま油小さじ1を入れて混ぜる。

きのこの団子汁

❶舞茸、平茸、生椎茸、しめじ、えのき茸など、合わせて300gを用意し、食べやすい大きさに切る。❷鍋に①を入れて、水6カップ、いりこだし1カップを加え、10分ほど煮たところへ、薄口しょうゆ大さじ3、濃い口しょうゆ大さじ1、塩小さじ3/4で調味する。❸100gの団子の粉で、団子を作り、平たく形を整えて②に入れる。団子が浮いてきたら、出来上がり。薬味に、小口切りのねぎ、柚子の皮を。

舞茸の天ぷら

❶舞茸は、石突を取り、小分けにして塩水でサッと洗い水気を切っておく。❷ボウルに天ぷら粉を入れ、水を少しずつ加えながら、ゆるめの衣を作る。❸油を180℃に熱し、舞茸に衣を付けて揚げる。❹天つゆ、ポン酢、塩でいただく。

椎茸汁のうどん

❶うどん（乾麺）400ｇは、たっぷりのお湯で固めに茹でておく。❷干し椎茸20ｇ、砂糖少量を加えた、たっぷりの水で戻し、石突を取り、食べやすい大きさに切る。❸鍋に汁用のいりこだし、布巾でこした椎茸の戻し汁を合わせて6カップにし、薄口しょうゆ、酒、みりん、塩で調味して②を入れ、5分ほど煮る。うどんを入れて沸騰するまで温める。❹ねぎを散らし、好みで七味唐辛子を。

農家の仕事

稲刈りのころ

鎌で稲を刈り取り、束ねる作業。

あのころの農作業、とくに稲作は、機械化された現代では考えられないほどの、過酷な労働でした。稲刈りも、田植えと同様に手間替えの制度があり、近隣の農家とも協力し合いながら作業を進めたものです。もちろん子供も加わって、家族総出の大イベントでした。

籾すりを終えた玄米を俵詰めにし、出荷します。

干し終えた稲は、せんばで稲穂から籾を外します。

刈り取った稲の束は、下から上へと順序よく、ハデに掛けられていきます。

秋祭り

山里が秋色に染まり、農作業が一段落する10月の半ばから11月にかけて、近隣の村や町は、収穫祭・秋祭りで賑わいます。赤穴八幡宮の祭りは11月1、2、3日、谷八幡宮は10月18日です。この日は、嫁に行った娘が子連れで実家を訪れたり、〝呼ばんに（呼ばないのに）来るのが祭り客〟というような言葉が残っているほどに無礼講。快く受け入れられたようです。

神輿《みこし》

上《かみ》赤名、下《しも》赤名、町の神輿3基が赤名の町を練り歩き、囃《はや》し子（楽打ち）とともに社殿に帰還します。御幸を終え、露払いの猿田彦に続いて、囃し子が境内を埋めつくします。

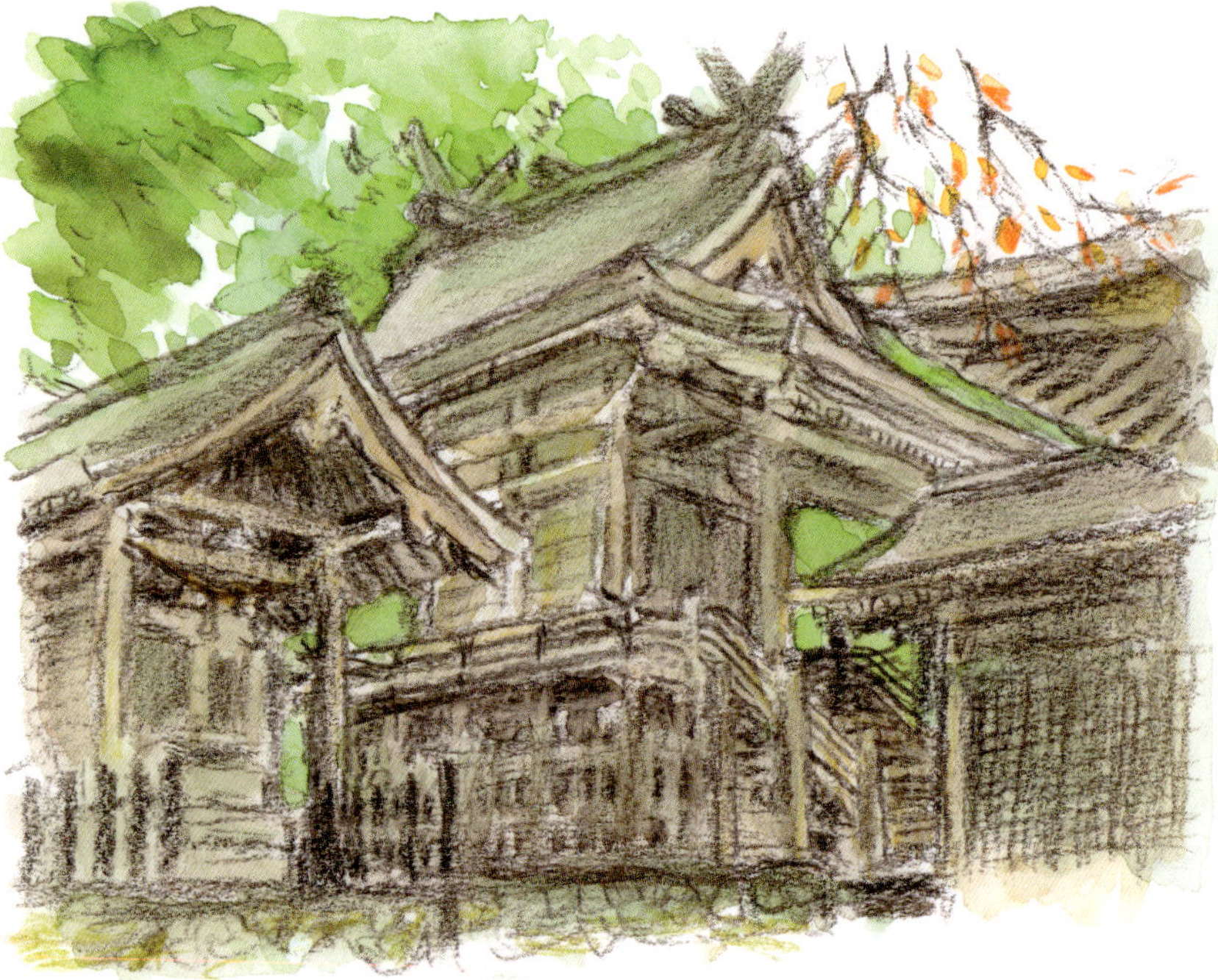

本殿《ほんでん》

矢降らしの森に鎮座する赤穴八幡宮の祭神は、玉依姫命《たまよりひめ》、別雷神《わけいかずら》、大鞆和気命《おおともわけ》、息長足姫命《おきながたらしひめ》、武内宿祢《たけうちのすくね》、菅原道真《すがわらのみちざね》ほか12柱。ご神体は、木像玉依姫立像です。

境内《けいだい》

花笠をかぶり、色とりどりの衣装に、色襷《だすき》の囃し子たちの奏楽が、森に木霊《こだま》します。大人は大太鼓を体いっぱい使って打ち鳴らし、小太鼓の子供たちも一心にバチを操り、祭りはクライマックスを迎えます。

神楽《かぐら》

奥飯石地方に古くから伝わる、能舞の流れをくむ神楽。3日の夜の祭事です。私たちが小さいころは、明け方近くまで行われていましたが、時代の流れとともに、簡略化されてきました。

秋祭り

露店

境内には、テントを張ったたくさんの店が並びました。
ささやかな小遣いを握りしめて巡ったものです。

金だらいのような機械の中から、綿あめが噴き出すのがとても不思議でした。

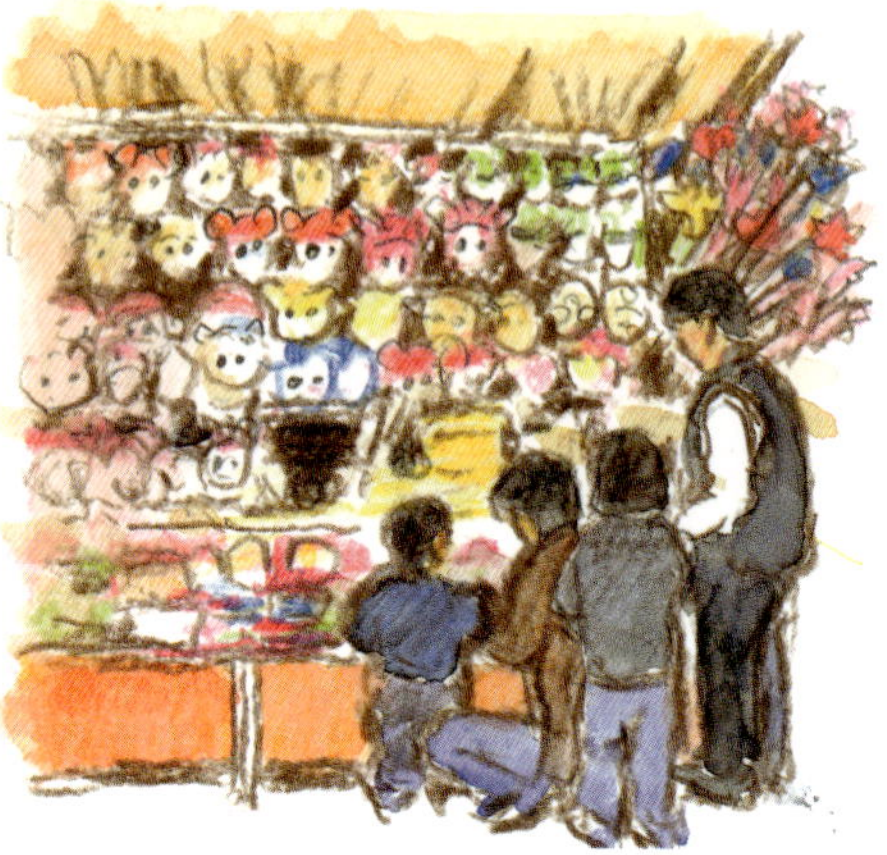

お面やおもちゃの店。

丹《に》塗《ぬり》箭《や》神話

その昔、紀元前○○年と断定することはできませんが、強いていうなら、神武天皇の時代よりも前ということになるかもしれません。

出雲と備後の境、神戸川（赤名川）の源の女《め》神山《がみやま》（上赤名、県境にある女亀山）に、とても美しいお姫様が住んでいました。玉依姫《たまよりひめ》といいました。

或る日、お姫様は山を降りて川沿いに下っていると、遥か東の山から、きれいな丹（朱赤）塗りの矢が夕日の中を飛んできました。お姫様は、迷わずこの矢を拾い上げました。ところがこの矢は大山咋神《おおやまくいのかみ》が姿を変えたもので、玉依姫はその御霊《みたま》を通じて身ごもりました。姫はその矢を持ってさらに川沿いに下り、深野《ふかの》（現在の上赤名向谷）の谷の乙女（現在の向谷）で一夜を過ごした後、翌朝、赤穴山（赤名と旧谷村の境）にたどり着き、そこで出産しました。その御子は、健やかな男の子で、名を別雷神《わけいかずちのかみ》といいました。そして、姫は女神山へ帰りました。

ところが、あの丹塗りの矢を赤穴山に残したことに気づき、探しに出かけましたが、見つかりません。丹塗りの矢への想いは、日ごとに募るばかりです。

ある夜、姫は夢を見ました。あの恋しい丹塗りの矢が、どこかの大きな樅《もみ》の木の根元に飛んできたのです。夜明けを待って、夢に見た樅の大木を探しに出かけます。深野の松尾の森（現在の神殿のある場所）を通りかかったところ、

カルメ焼き屋さん
香ばしいいい匂いが
しました。

今は見かけなくなっ
たハッカパイプの店。

かわいいひよこは、
雄ばかり。

その根元には、忘れもしない丹塗り矢が突き刺さっておりました。

御子・別雷神も父母を慕ってここで落ち合い、「此処は、縦生い栄えて吉《よ》き処なり、宮処《みやど》と定めん」

とおっしゃって、神々は、ここにお鎮まりになったということです。

社伝によると、この丹塗箭神話には、今でも残っている土地の名前がたくさん出てきます。

また、物語はもっと複雑ですが、紙面の都合上要約しました。

中央・大鞆和気命《おおともわけのみこと》（応神天皇）、右・息長足姫《おきながたらし》（神功皇后、応神天皇の母）、左・比売神《ひめがみ》（応神天皇の皇后）。いずれも国の重要文化財に指定されています。（赤穴八幡宮所蔵）

あのころの故郷

衣掛山から見下ろした赤名の町並み

あゝ、赤名峠

私たち、赤名の人々の多くは、中学校を卒業すると、この峠を越えて、広島や大阪などへ働きに出ました。ずいぶん前に、映画『あゝ野麦峠』を見て、目頭が熱くなったことがありましたが、赤名峠も野麦峠のような、旅立ちと別れの場所でした。あの当時、3月下旬でも山陰《やまかげ》には雪が残っていました。

頂上付近から振り返ると、別れを惜しむかのように、小さく、小さく中学校の校舎も見え、これから始まる新たな人生を想い、身の引き締まるような感慨を覚えたものです。

昭和38年、峠にトンネルが開通し、今は瞬く間に通過してしまうので、もう、あの当時のように感傷にふけることもなくなりました。（福田）

冬の赤名峠は、交通の難所でした。

頂上付近からは、小さく赤名の町が見えました。

冬

今日も暮れるかよ～お
瀬戸山吹雪
会うたあの娘の　ひとさし指に
思いのこりの　思いのこりの
それな～　あるような

（「赤名小唄」より）

思い出します。
茅葺屋根の、軒に下がった
長いしんざい(氷柱《つらら》)が、
朝日にキラキラ輝く風景を。
屋根からドドーッと
雪が落ちる音を。

白い世界は、限りなく美しいけれど、
雪は怖い存在でした。
ひとたび風が吹くと、吹雪となって、氷の礫《つぶて》となって、
容赦なく襲ってくるのです。
細い道は、たちまちかき消され、
右も左もわからなくなります。
雪をかき分けながら、目標の木や家を目指して
ひたすら進みました。
スクールバスも自家用車もない時代のこと、
一里の道を、歩いて登校する子たちも
たくさんいましたが、少々遅刻したって、
決して休むことはありませんでした。
あのころの山里は、12月に降った雪が根雪となり、
3月の終わりまで、雪に閉じ込められた日々でした。
ひたすら春の訪れを待ちました。

寒さを凌いだ暖房器具

エアコンや、床暖房、セントラルヒーティングで育った今の子供たちには、想像もつかない原始的（？）な道具に助けられていたものです。

囲炉裏《いろり》

農家なら、ほとんどの家にありました。気軽にお客をもてなすお茶の間、仕事を終えて夕食を囲む食堂、家族が集まって、暖を取りながら語り合うリビングルームとして、オールマイティーの場所でした。自在鈎に鍋をかけて温めたり、灰の中に栗を埋めて焼いたり、大きな役割を担っていました。

火鉢

形は色々ありましたが、五徳に載った鉄瓶からは、いつもシュンシュンとお湯が沸いていました。おやつの餅やするめを焼いたりしたものです。

雪化粧した衣掛山。

炭

炭焼き農家はたくさんありましたから、もちろん地元産。燃料の王様として、七輪に、炬燵や火鉢にと、欠かせないものでした。大きな炭俵から長い炭を取り出して小さく切るのは子供の仕事でした。

達磨《だるま》ストーブ

大きな角火鉢に代わって小学校に入ったのは、２年生くらいになってから。燃料は石炭、ストーブの上には、水を入れた大金だらいが載っていました。

湯たんぽ

熱いお湯を入れて、手拭いで包み、寝る前に布団の中へ入れておきます。とても優しい暖かさでした。翌朝は、暖かさが残るお湯を洗面器に移し、顔を洗うのが常でした。

炬燵《こたつ》

家族の団欒の場所でした。もちろん炭火を入れた掘り炬燵です。ご飯が凍らないようにお櫃《ひつ》を入れて温めたり、甘粥《あまがゆ》作りにも役立てました。そして、夜は、炬燵の周りに家族皆の布団を敷いて眠りました。

冬支度

漬物作りや乾燥野菜作りなど、手間暇かけた先人たちの知恵には限りがありません。

土に埋めて保存する

❶筵《むしろ》の上に保存する野菜を置きます（大根、ごぼうなどの根菜類）。
❷その上に筵を掛けます。
❸土を掛けて目印を立てておくと、雪が積もっても分かります。

吊るし柿と柿の皮

吊るし柿は、貴重なおやつでした。むいた皮も天日干しにし、漬物などに使いましたが、渋柿の皮も干すと、甘くておいしくなりました。

吊るして保存

冬至まで持たせるために、かぼちゃや白菜は新聞で包み、天井から吊るして長持ちさせました。

薄い輪切りにした大根は、干すと甘みが増します。

軒下に吊るした玉ねぎ。

冬至

冬至は二十四節気のひとつで、一年で最も昼が短かく、夜が長い日。12月22日ごろに当たります。赤名は、これからが冬本番というところですが、この日から、日照時間が長くなり、〝春に向かう〟〝太陽が復活する〟と、夏至と同様に世界各地でも祝う行事です。

柚子《ゆず》には、血行を良くし、温まるので、風邪をひきにくくなると、柚子湯に入って無病息災を祈りました。

その日の行事食もいろいろありました。紹介するのは、その一例です。

かぼちゃの甘納豆煮

かぼちゃには、風邪予防になるカロチンが多く含まれています。通常、仕上げの隠し味に砂糖を加えますが、代わりに甘納豆を。お茶うけにもなる、一品です。

柚子と果物のデザート

❶横半分に切った柚子の種を除いて薄く切る。
❷りんご、柿は、3〜4㎜の厚さに切り、①と合わせて蜂蜜、ごく少量の薄口しょうゆを入れて混ぜる。

豆腐のあんかけ

❶木綿豆腐1丁は4つに切り、だし汁2カップ、酒大さじ1、薄口しょうゆ小さじ1、塩少量で、踊らない程度の火加減で温める。❷干しえび15gの粗みじん切り、銀杏8個は半分に。椎茸、しめじ、えのき、なめこなど、少量ずつを粗みじんに切る。❸①の豆腐だけをを引き上げて器に移す。その汁に②を加え、酒、薄口しょうゆで味を調え、水溶き片栗粉を加えて、ゆるめのあんを作り、豆腐にかける。

お正月準備

餅つき

割烹着で臼《うす》どりをするのは、おばあちゃんか、お母さん。勢いよく杵《きね》を振るのは、力持ちのお父さんか、お兄さん。餅つきは、お正月準備の最大イベントでした。せいろで米を蒸す香りが、土間いっぱいに広がっていました。

今でも変わらないと思いますが、縁起を担ぎ、注連縄《しめなわ》を飾るのも、餅をつく日も、〝苦〟につながると、9の付く日は避けたものです。

つきにわの餅

休憩のお茶時間には、つきたての、熱々のお餅を食べられるのも、楽しみのひとつでした。

ちぎった餅に甘く煮た小豆をかけて。

おろし大根にしょうゆを垂らして。

❶
煮崩れないように、しっかりもみ込んだ丸餅です。

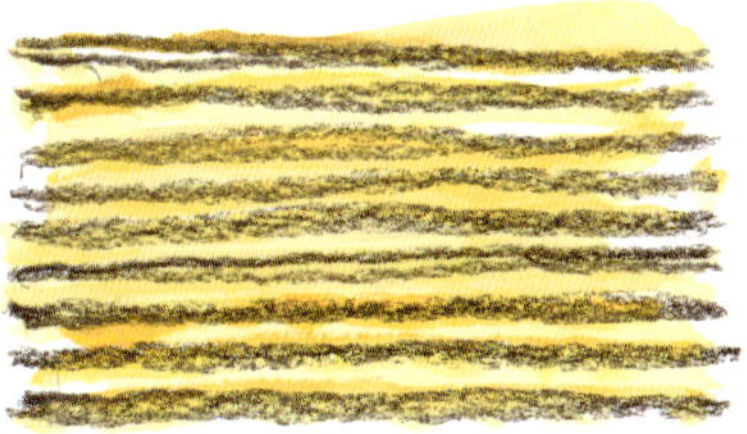

❷
ござの上に藁《わら》を敷きます。

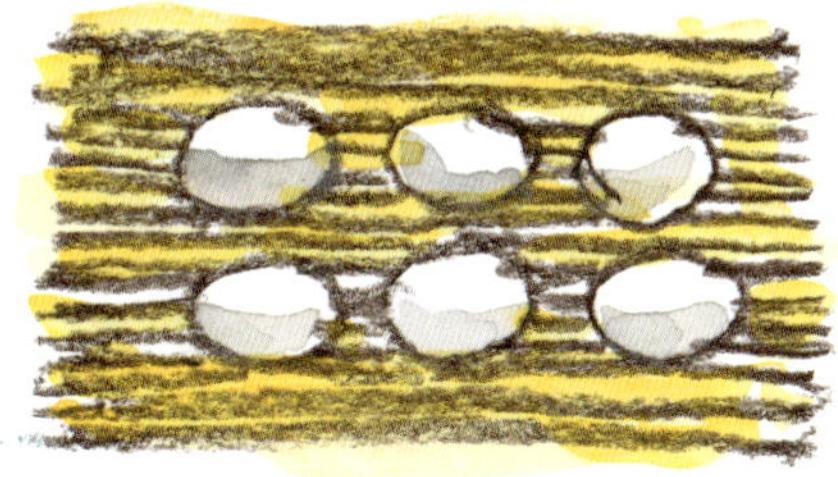

❸
餅をその上に並べます。途中で裏返します。

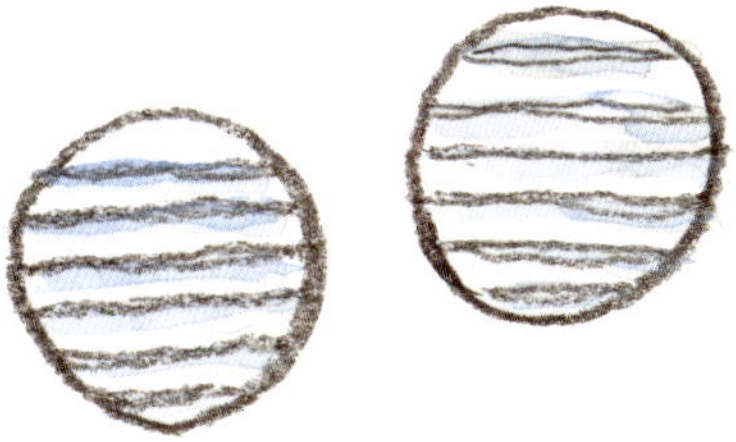

❹
餅におめでたい小判のような筋が付きます。

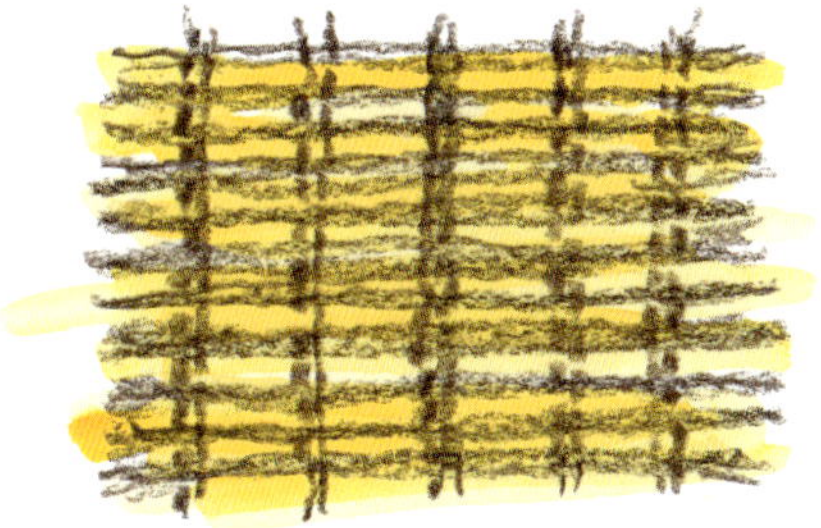

❺
藁で編んだ〝す〟を作ります。

❻
〝す〟を鍋に敷いて、餅を煮ると、鍋底に餅が付くのを防ぐとともに、藁の香りが楽しめます。

おせち料理

決して豊かな時代ではありませんでしたが、少しばかり張り込んだ材料に手間を掛け、その時代なりに、贅をつくした料理が並びました。

鰤《ぶり》の照り焼き

鰤はお祭りやお正月くらいにしかお目見えしない高級魚、焼くことによって、出来るだけ長く保存したものです。東の鮭に対して西は鰤。かつて、鮭は馴染みの薄い魚でした。

昆布巻き

昆布は〝喜ぶ〟の言葉に通じる縁起食材のひとつです。中に大きめのいりこ2本を互い違いに入れ、柔らかく煮含めたものです。

赤貝の殻蒸し

お正月料理に絶対に欠かせないのが、この赤貝です。調理法は、簡単に言えば酒蒸しですが、しょうゆと、砂糖で味を付けた逸品です。昔はカマスで大量に買っていました。貝を洗うのは子供の仕事、冷たくて、大変でした。

梅花卵

食紅や梅酢でピンクに染めた、梅花卵が加わるだけで、お膳が華やぎました。ゆで卵2個を縦に並べて布巾で包みます。割箸5本で均等に囲み、3か所くらいを輪ゴムで固定し、形が付いたら糸で半分に切ると、五弁の梅の花になります。

かち栗入り黒豆

豆は、〝まめに過ごしましょう〟と、かち栗は、〝勝〟。このふたつが揃えば怖いものなし。甘く煮たかち栗を加えることで、見た目にも変化が出ますし、食感も楽しめます。

紅白なます

大根と人参で作った、彩のよい一品です。多めに作っておくと、いかやたこ、刺身などの残りと和えて、変化を楽しむことが出来ます。

りんご入りきんとん

栗は豊富にありましたが、目先の変わったりんご入りは、子供たちに人気でした。りんごは薄切りにして砂糖と水で柔らかく煮ます。裏ごしして甘みを付けたさつまいもに、りんごの残った煮汁も加えて混ぜ合わせ、茶巾絞りにします。

寒天寄せ 2種

流し物は、子供たちの大好物。アルミ製の弁当箱を使って作ったものです。

りんご羹は、甘く味を付けて柔らかく煮たりんごを裏ごしし、食紅で色づけして寒天で固めます。みかん羹は、缶詰を利用し、汁も使います。

数の子

あのころは、乾燥数の子が普通でした。まだ鰊が大量に獲れていた時代です。価格も安かったのでしょう。大鉢に入れ、米のとぎ汁を替えながら戻しました。子孫繁栄を願う食品ですが、食べ過ぎると子供が出来過ぎると、戒められました。

お正月

今でこそ、〝光陰矢の如し〟などと嘆いていますが、あのころは、〝もういくつ寝ると、お正月……〟と、指折り数えて待ちました。今日から新しい年が始まると、子供なりに緊張して迎えたものです。

お屠《と》蘇《そ》

家族が席に着くと、それぞれ「おめでとうございます」と新年のあいさつを交わしながら、年少者から順にお屠蘇を頂きました。お屠蘇は、清酒入りのお銚子に、三角の袋に入った屠蘇散を入れて作ります。漢方薬に似た香りでしたが、おいしくて、ちょっぴり大人になったような気分を味わったものです。その後、お雑煮、おせち料理をいただきました。

お年玉

お雑煮の後は、楽しみにしていたお年玉です。祖父が、手作りの袋に入れて、子供たちそれぞれに手渡します。中身は決まって5円玉1枚、年齢に関係なく平等でした。「金額ではない、しきたりだから」とは祖父の弁。半夏市や、お祭りのお小遣いとは比較にならないものでした。

初詣《はつもうで》

除夜の鐘とともに、初詣に出かけます。柏手《かしわで》の音だけが響き渡る雪の神社。幻想的でした。

お参りの仕方

正しいお参りの仕方は、二礼、二拍手、一礼です。ただし、出雲大社は、二礼、四拍手、一礼。本殿に参拝した後は、境内の末社にもお参りします。

書初め

書初めをする日は二日ですが、一日《ついたち》の朝に、山から懸樋《かけひ》を伝って流れてくる神聖な水・若水を汲んでおき、それを使って墨をすりました。小学校時代は、冬休みの宿題になっており、全員の作品が、教室や廊下、講堂に張り出されました。

書初めは、鎌倉時代の武家の「吉書《きちしょ》初《はじめ》」に由来し、江戸時代の寺子屋では恵方に向かって、めでたい詩句や文字を書いたとか。

明治に入ってからは、学校教育の一環として、正月行事に取り入れられました。

初夢

一日《ついたち》の夜から二日の朝、目覚めるまでに見る夢が初夢になるのですが、そう易々《やすやす》といい夢が見られるわけではありません。子供のころは、熟睡してしまって夢など見たことはないと、皆も言っていました。

それでも期待して、欲しいもの、行きたいところ、そのほか実現したい夢の絵や文字を書いて、枕の下に入れたりしたものですが……。

一富士、二鷹、三茄子《なすび》。

富士の山は、申すまでもなく、日本一の山。昔から、死ぬ前に（一生に一度は）登りたい山。余談ですが「ナポリを見て死ね」に通じるところがあります。鷹は、鳥類の王者。では、どうして茄子が3番め？　〝茄子の花と親の意見は、千にひとつの無駄がない〟ということから来ているという説。

もうひとつの説として、江戸時代からのことわざで、将軍家に縁の深い駿府《すんぷ》（今の静岡県）の名所（富士山、愛鷹山）、そして名産品だった茄子を結び付けたものとも言われています。

宝船

縁起をかついで七福神の乗った宝船の絵を、枕の下に敷いて寝る。こんな習わしが室町時代からあったといわれています。

ちなみに七福神は、①大黒天／福徳の神様。②恵比須様／商売の神。③弁財天／音楽、弁舌、財福、知恵を司る女神。④毘沙門天／仏法を守護する四天王のひとり。⑤福禄寿／幸福と、寿命の神様。⑥長寿を授けるという寿老人。⑦吉凶や、天候を占う布袋様。

こんなに大勢の神さまに願いを託すなんて、ずいぶん欲張りですが、古今東西、人の願望は変わらないようです。

お正月の遊び

雪の中で迎えるお正月は、ほとんど室内で過ごすことになります。雑誌の付録の福笑いや双六が、大いに役立ちました。でも、晴れた日は、手作りの凧を持って、元気よく出かけました。

凧あげ

竹ひごで作った枠に、和紙に絵や文字を書いて張ります。手作りの凧です。男の子たちは、出来栄え、上がり栄えを競い合いました。

独楽《こま》回し

木切れの形を整えて、絵の具で色づけ。形は色々ありましたが、これまた手作りの遊びです。昔の子供たちは、とても器用だったようです。土間のような、ちょっとした平らな所があればOKでした。

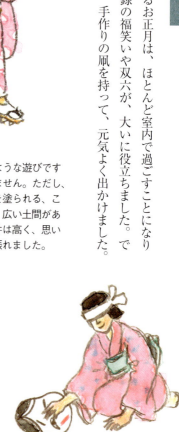

羽根つき

バトミントンのような遊びですが、点数は付きません。ただし、負けたら顔に墨を塗られる、これは恐怖でした。広い土間がある茅葺の家の天井は高く、思い切って羽子板を振れました。

双六

さいころを振って、目の出た数だけ前へ進み、早く上がった者が勝ち、というゲームです。ところが、〝振出しへ戻る〟のコマに当たったりして、ちょっとスリリングな面もありました。

かるた

〝犬も歩けば棒に当たる〟のいろはがるたが一般的でしたが、年齢が進むと、百人一首も登場しました。

福笑い

おかめや、お多福の輪郭だけを描いた中へ、目隠しをして、眉、目、鼻、口を並べる遊びです。なかなか美人に並べられなくて、大笑いしたものです。なんと、この福笑いの項目が、国語辞典から消えていたのには驚きです。

赤名の雑煮

雑煮ほど地方色の出る食べ物はない、と言われています。まず、お餅は関西を境に西は丸餅、東は角餅。調理法としては、焼くと煮る。そして、載せる具材で郷土色が出てきます。見た目も大きく変わります。

出雲地方、赤名の雑煮は、丸餅を煮て作るのが基本です。決して贅沢なものではありませんが、食べ馴れた者にとっては、品のいい、懐かしい味です。

ところが、赤名の雑煮にも、その家によって、それぞれの作り方に変化があることが分かりました。

いずれもお屠蘇やお酒をかけていただきます。

丸餅を煮る。いりこでだしを取り、しょうゆで濃いめに味付けしたかけ汁をかける。生海苔（十六島《うっぷるい》海苔）、鰹節をかけた、最もシンプルな雑煮。

煮た丸餅に、いりこだしで、濃いめに作ったかけ汁をかけ、かまぼこ、もみ海苔、鰹節、サッと茹でた芹をのせる。

昆布といりこのだしに、酒、しょうゆで濃いめのかけ汁を作り、蛤を入れてサッと煮、煮た丸餅にかける。生海苔、鰹節、茹でた芹をのせる。

いりこだしに濃いめの味を付け、拍子木に切った豆腐を入れてかけ汁を作る。煮た丸餅にかけ、もみ海苔と、鰹節をかける。

七草

1月7日は五節句のひとつ、人日《じんじつ》です。ちなみに五節句とは、上巳《じょうし》（3月3日）、端午《たんご》（5月5日）、七夕《しちせき》（7月7日）、重陽《ちょうよう》（9月9日）をいいます。

前夜、神棚の前で、まな板の上に七草を揃え、すりこ木や包丁の背で、まな板をたたきながら拍子を取り、七草囃子を唄いました。翌朝、その七草を入れてお粥を炊くのです。七草粥は、おせちやお雑煮で疲れた胃を休めるため、とも言われています。

七草なずな
唐土の鳥が
日本の土地へ
渡らぬうちに
七草揃えて
ヤッホッホー

七草粥

お粥は米から炊くのが、だんぜん美味。炊き上がったら塩で味を付け、刻んでおいた七草（大根、蕪、芹など、あるもので）を入れて仕上げます。雪に覆われたこの時期、芹を取ってくるのは大変でした。お湯を入れたバケツを手に、かじかんだ手を温めながら……。子供たちの役割でした。

春の七草

節分

暦の上では、冬と春を分ける季節の境い目ですが、雪国・赤名は、まだまだ冬たけなわ。明日から春……なんて考えられません。子供たちは、豆まきをする日、くらいの感覚で受け止めていました。

この日は、升に入れた煎り豆（大豆）を神棚に供え、夕方になると、その家の家長（祖父や父）が豆まきをします。

各部屋を回って台所やトイレまで、
「福は内、福は内」、
雪が降り積もった外に向かって、
「鬼は外、鬼は外」……と。

その後、今年もまめに過せることを念じて、歳の数だけ豆をいただきました。子供たちのために、豆だけでなく、小さなみかんや、飴の包みも一緒にまいてくれたこともありました。

この豆まきの行事は、平安時代に京都・鞍馬山に出た鬼を、三石三斗の豆で追い払った、という伝説に由来するものだそうです。

鰯の塩焼き

魔除けに鰯の頭を柊《ひいらぎ》の枝に刺して、玄関に吊るす。というような風習はなかったように思いますが、鰯を食べる習慣はありました。鰯は大田方面から入ってきました。もちろん、七輪での炭火焼き。

煎り豆の利用

豆は大切な食糧、決して無駄にはしません。お母さんたちの手にかかると、思わぬメニューに変身ました。

大豆入り炊き込みご飯

煎り豆のほかに、中に入る具は、油揚げ、人参、きのこ類。炊き上がったら、サッと湯通しして刻んだ芹を加えて混ぜ合わせます。その他、残った煎り大豆は、鶏肉、人参、れんこん、ごぼうなどと合わせた五目煮としても登場しました。

白和え

すった煎り豆の粉を豆腐と合わせ、白和えの衣にします。こんにゃくや、人参など、野菜の和え物にも合い、利用価値は大です。

鶏の笹身の大豆衣揚げ

パン粉の代わりに、煎り豆を砕いて衣にします。豆は、あらかじめビニール袋などに入れて粗く砕き、かがつ（すり鉢）に移して連木（すりこ木）ですります。豆が衣の香ばしいチキンカツです。

農家の仕事

冬の手仕事

農作業のない冬の時期は、色々な手仕事が待っていました。自分たちが使うものは、自分たちで作る、時給自足の時代です。

今は、ホームセンターへ行けば、ある程度は揃いますが、もう、そこには売っていない、あの時代独特の物が、たくさんありました。

太い縄、細い縄。縄ないは、農家の手仕事の基本中の基本です。縄がなえなくては、農家の嫁として認めてもらえなかったとか。まるで〝おしん〟の世界のようです。

秋の収穫で籾《もみ》を外した稲藁《わら》は、納屋や、屋根裏に保管してありました。藁は、叩いて柔らかくします。そして、あらゆるものに生まれ変わります。

雪の中を歩くための、きゅうくつ(藁沓)、草鞋《わらじ》、藁草履、背負籠《ほご》も、蓑《みの》、笠まで、すべてが手作りだったのです。材料の藁も、竹も身近にあ

縄ない機

縄をなう

きゅうくつ
(藁沓《わらぐつ》)

蓑《みの》

背負籠《ほご》

草鞋《わらじ》

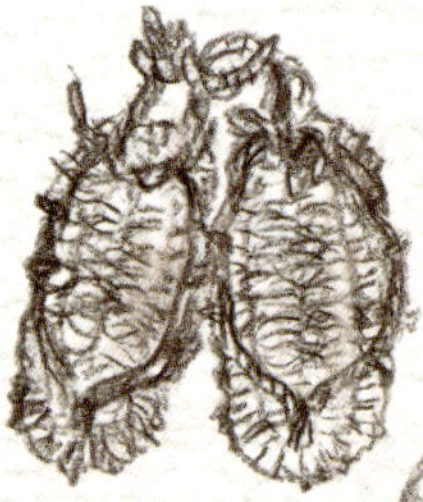

すんどり
(箕《み》)

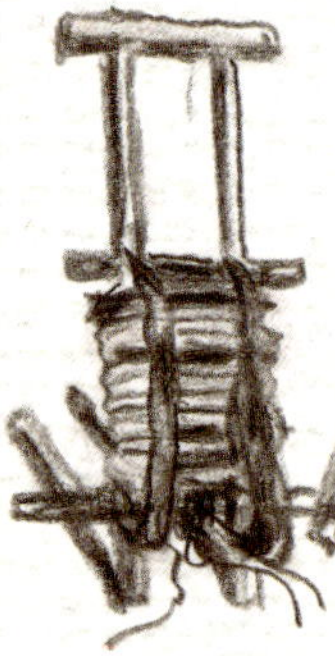

背負子《しょいこ》

藁草履《わらぞうり》

るものばかりです。出来上がったものは、すべて芸術作品のようでした。皆さん、とっても器用でした。

農作業には欠かせない筵《むしろ》や菰《こも》は、用途によって、色々と種類がありました。敷く、掛ける、巻いて使う、なかなか便利なものです。

米俵を作っておくのも、この時期の作業でした。

これらの労働は、おもに女性たちの仕事。土間や、納屋で行われました。厳寒の土間の冷え込みは、尋常なものではありません。さぞかし辛い作業だったことでしょう。

男性は炭を焼く、木を切り出すなどの力仕事に精を出していました。出稼ぎで、お父さんが留守の家もありました。

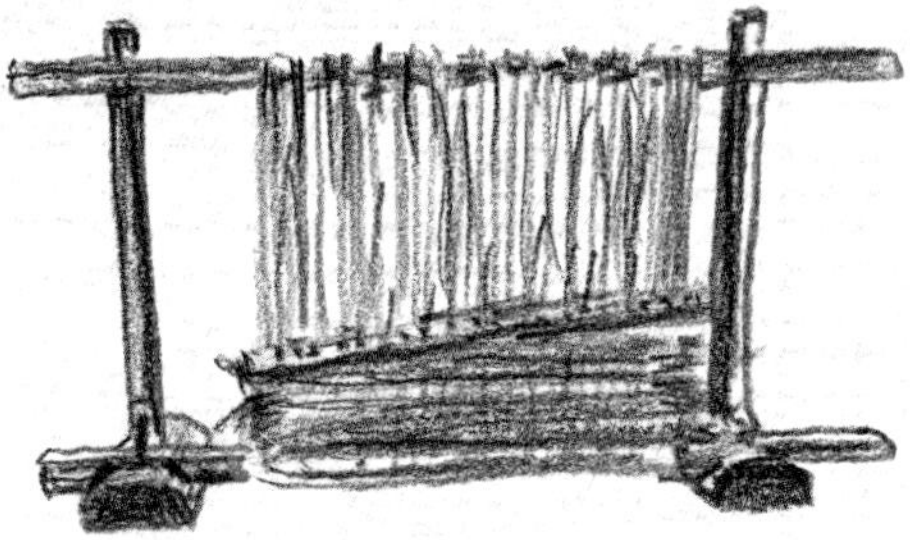

筵機《むしろばた》

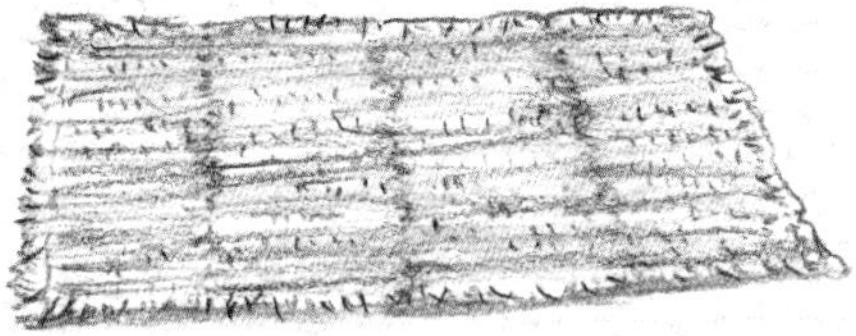

出来上がった筵《むしろ》

米俵作り

筵《むしろ》編み機

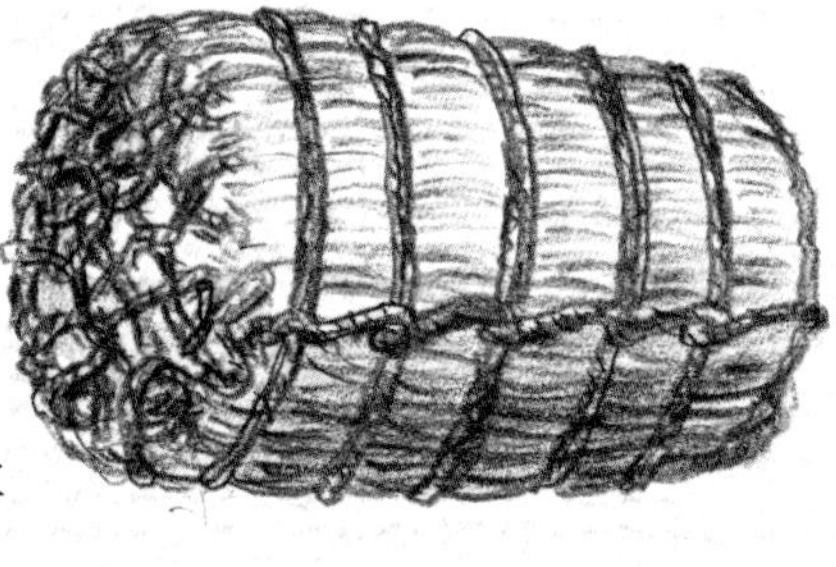

出来上がった俵

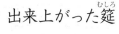

橇《そり》遊び

あのころ、雪はよく降り、1mくらいの積雪は当たり前でした。なにしろ12月から3月まで、1年の三分の一が雪の中なのですから、家にこもってばかりはいられません。子供たちは、あの手この手と知恵を絞って、貪欲に遊んだものです。

橇作りは、裏の竹やぶから竹を切ってくるところから始まります。七輪や火鉢の火で、竹を温めながら少しずつ曲げ、みかん箱の下に釘《くぎ》で固定します。箱に縄を取り付けて完成。

　これを引っ張り回すのですが、少し凸凹があると、あっけなく横倒しになってしまい、どこかが壊れてしまう。お粗末な橇でしたが、あのころの子供たちは、みんな工作は得意でした。滑って遊ぶのも楽しかったのですが、作る工程が面白かったようです。

　竹スキーもよく作りました。いちばんの難関は、どうやって長靴を留めるかでした。自転車のチューブや、ロープを巻き付けるなど、色々と工夫したものです。出来上がったら、ほどよい傾斜を見つけて滑るのですが、何しろ不安定な代物、雪に突っ込んだり、あらぬ方角へ突進したり……。

雪だるま

雪合戦

竹スキー

かまくら

雪下ろし

謝恩会

　卒業式が近づくと、とても感傷的になりました。優しかった先生や、6年間学んだ校舎との別れ、春から通う中学校とは、どんな所なのか？　でも、ちょっぴり大人の仲間入りができるような、期待感もありました。

　赤名小学校にはなかった行事、谷小学校で行われていた、独特の謝恩会を紹介します。

　卒業生が、お世話になった先生方と、用務員さんに、感謝の気持ちを伝える食事会です。しかも、その食事会の料理は、卒業生が作るという、気持ちのこもったものです。とはいっても子供のこと、いきなりおいしいものが作れるはずがありません。事前に、女先生や母親たちの指導で、おすし、なます、お吸い物をマスターして、その日に臨みました。

　当日は、滞りなく料理も出来上がり、教室の机を円形に並べ、とてもおいしくいただくことができました。歌を歌ったり、ゲームをしたり、文字どおりの手作り謝恩会でした。

　メニューは、けっして手の込んだものではありませんでしたが、写真は、その時の再現です。ちょっとできすぎですが…。

蛤《はまぐり》ずし

戻した香茸を甘辛く煮て細かく刻み、すし飯に混ぜ、薄焼き卵にすし飯を載せて蛤形にたたみ、熱した金串で3本の線を付けます。

豆腐のお吸い物

しょうゆ味の簡単吸い物です。豆腐の白、芹の緑、上にあしらったへぎ柚子、さわやかな彩です。

紅白なます

大根と人参の、定番のなますです。

小学校時代の思い出

運動会

徒競争が苦手の子の楽しみは、玉入れと、お弁当だったようです。

遠足

遠足とは、遠くまで歩いて行くこと。バスで行くことなど考えられない時代です。列を組んで、赤名峠まで歩いたこともありました。

修学旅行

まだ、食糧事情が思わしくなかったこともあり、一人2～3合のお米を持参。原爆ドームや裁判所の見学もしました。楽しかったのは、「楽々園」のウォーターシュートでした。宮島へは、宇品港からの船旅。今は、宮島口から15分ばかりで到着しますが、もっと時間がかかったような気がします。海を初めて見る子も多かったようです。

寒さを乗りきる

寒い、寒いと、嘆いてばかりではありませんでした。雪国で生まれ、この土地で育った者たちにとっては、冬はこんなもの、当たり前でした。

暖房器具は、炬燵《こたつ》と火鉢くらいしかありません。ダウンコートや、ヒートテックのシャツもありません。

建物だって、昔の造りで、夏は快適でしたが、建付けが悪く、隙間風に悩まされました。寒さ対策には、工夫を凝らしたものです。

長靴の中へ藁《わら》を敷く。これは、なかなかのアイディアです。藁の間に空気の層ができて、あの冷たいゴムの感触から逃れることができるうえに、藁を頻繁に取り換えることで、靴の中も清潔に保てます。唐辛子を入れる。これは、ちょっと？ですが、素足なら、刺激があったと思います。

母が編んでくれた毛糸の手袋をありがたく使っていましたが、作業をする人たちにとっては、指先が自由になる手甲のほうが便利だったようです。布製、毛糸で編んだものなどがありました。

なんといっても一番の寒さ対策は、就寝時。夜の外気温はマイナス10℃以下なんてこともしばしば。もちろん、部屋の温度も氷点下、お櫃《ひつ》のご飯も凍ってしまうほどでしたから。

朝起きて、障子を開けると、ガラス戸の隙間から吹き込んだ雪で廊下は真っ白……なんてこともよくありました。このような隙間風は、枕元へ屏風を立てて防いだものです。

ほかに、真綿をシャツの肩から背中にかけて広げ、その上にセーターを着る、などの工夫もしていました。綿入りの半纏《はんてん》も必需品でしたが、この真綿、1枚洋服を着たのと同じくらいの暖かさでした。

庭木の雪囲い。重い雪で、枝が折れるのを防ぎます。

隙間風を防ぐ屏風。

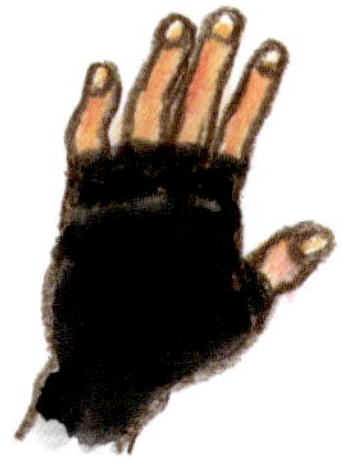

指先が自由になる手甲。

長靴の中に、唐辛子を入れる。

長靴の中に、藁を敷く。

知恵の玉手箱

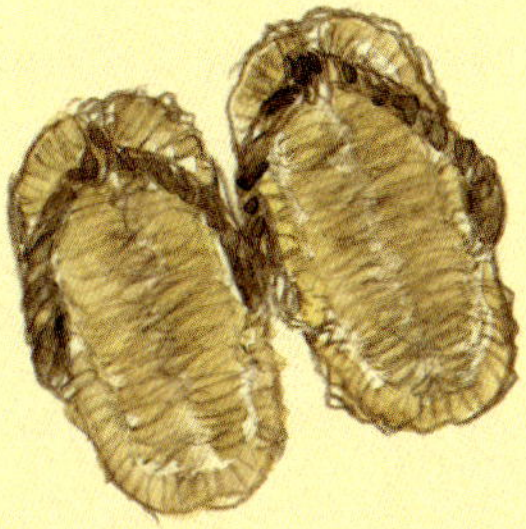

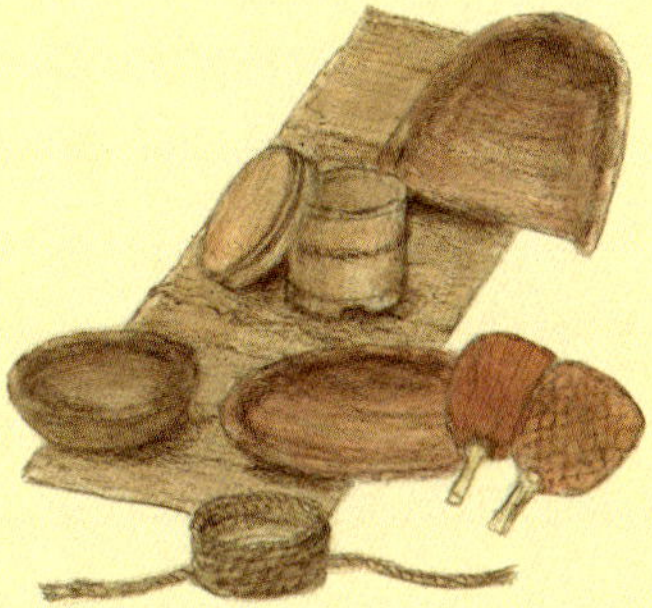

時代とともに、人々の暮らしが変わってゆくのは、当然の成り行きです。便利なものへ、楽な方向へと流れてしまうのは、人類が進歩している証拠です。

とはいうものの、古き良き時代の、先人たちが残してくれたものを、もう一度振り返ってみることも大切なことだと思います。現代に通じるものを、見つけることができるかもしれません。

あのころの故郷の味

自然に恵まれた故郷の食生活は、決して豊かではありませんでしたが、今では味わえない、心温まるものでした。

てんこ餅

育ちの悪い小米や古米をひいた粉と、もち米を合わせて蒸し、蓬を入れて臼でついた餅です。もち米の分量で、口当たりも変わります。ほとんどが丸い平餅で、あんこが入れば上等。七輪や、囲炉裏で焼き、しょうゆを付けて食べました。モソモソとした食感の、とても素朴な味でした。

蓬餅の思い出

寒くなると、あの、香ばしい蓬の入ったてんこ餅を思い出します。囲炉裏《いろり》で焼いた餅を、あのころ貴重だったパンの袋を取っておき、それに入れて風呂敷で包み、炬燵《こたつ》の天井にぶら下げておきます。それを楽しみに学校から帰り、おやつとして食べたのですが、焼き立てのように、柔らかく、温かでした。

鯨のへかに入れると、煮崩れた野菜がからんで、おいしくなりました。

この餅を食べることで、米を倹約するのです。米で魚やめの葉（わかめ）を買うことができた時代、農家の知恵でした。（三島）

えんどう豆のご飯

❶えんどう（米の1/2量）は、さやから出し、塩茹でしておきます。❷ご飯は、酒と昆布茶を入れて炊きます。❸スイッチが切れたら、①を入れて混ぜます。

炊き上がりのご飯から漂う、あの香りは、もうすぐ夏……でした。

赤貝ご飯

❶赤貝は、酒、しょうゆ、水で殻蒸し。身を外して汁気を切り、汁はこしておく。❷炊き込みご飯の要領で、野菜と一緒に①の汁を入れて水加減をし、炊き上げる。❸スイッチが切れてから、赤貝を入れて混ぜ合わせる。

鯖のちらし寿司

❶鯖は、3枚におろし多めの塩を振って1時間ほどおき、水洗いして酢に漬ける。完全に白くならないうちに皮を引き、刺身状に切る。❷すし飯を作り、野菜を煮て混ぜ合わせる。❸錦糸卵、①の鯖を盛り付け、木の芽を。

小豆飯

❶小豆（米の¼量）は、豆の煮汁を替えながら、7～8割の固さに煮て、煮汁と分けておきます。❷①の煮汁と水で水加減し小豆を入れてしばらくおき、炊きます。冷めても香ばしく、番茶をかけて食べると、その味、格別でした。

栗ご飯

塩味の利いた栗のご飯は、子供の大好物でした。現在売られている栗は、大きくて、あのころのような風味に欠けますが、甘い芝栗で炊いたご飯の味は、もう帰って来ないのでしょうか？　小さな栗をむくのは大変でした。

芳飯《ほうはん》

❶木綿豆腐を７～８㎜の拍子木に、椎茸は薄切りにする。
❷吸い物より濃いめの味を付けてかけ汁を作り、斜め切りのねぎを入れる。
❸温かいご飯に②をかける。

具沢山で、おかずがなくても大丈夫なメニューです。

干し大根と豆の煮もの

切り干し大根ほど細くなく、大ぶりに切った大根、人参、豆を使用します。干した野菜は甘みが増します。身近にある食材で、色々と工夫した常備菜が食卓に並びました。

きゅうりのみそ炒め

❶きゅうりは縦に割り、種を出し、３㎜くらいに切る。❷油で炒め、酒で溶いたみそで味を付ける。仕上げに砂糖をほんの少し加える。
取り忘れて茶色になった、きゅうりが主役です。歯ごたえの良いお惣菜に変身です。

むかご飯

米2カップに対して、むかごは100ｇの割合で、酒、昆布茶を入れて炊き上げます。むかごは、おやつとして、から煎りして食べました。ちょっとほろ苦い味でした。

塩餡《あん》の餅

少し焦げ目がつくくらいに焼き、砂糖じょうゆを付けて食べるのが定番でした。熱々のお茶をかけて、餅を割ると、中から餡が出てきます。この、塩味の餡と、番茶のマッチングは抜群でした。

小田巻き蒸し

どんぶり鉢に、うどんを入れたボリュームたっぷりの、お化け茶碗蒸しです。銀杏は必ず入っていました。銀杏の皮をむくのには、ひと苦労でしたが、今では電子レンジが便利です。封筒に銀杏を10個ほど入れ、500Wで1分チンします。

揚げ茄子

茄子料理の定番は、焼き茄子でしたが、素麺などのあっさりした主食には、油っ気が必要でした。みそ炒めとしてもよく登場しました。

鮎のへか

へかとは、すき焼きのことです。すきも、へかも農具の一種、その上に具材を載せて焼いたのが、この料理の始まりです。通常は、牛肉、鶏肉を使いますが、鯨肉や、鯖缶を使うこともありました。あのころ食べていたへかは、料理屋で作るような品のいいものではなく、ごった煮状態でした。

へかを囲んで家族団欒

谷地区は江川に近かったからでしょうか、鮎はよく食べました。夏に獲れた鮎は焼いて保存（内臓はうるかに）しました。焼き鮎は、へかのほかにも麺類のつゆに使うと、いい味が出ます。

　へかによく登場したのは、なんといっても鶏です。朝、餌をやったばかりの鶏が、無残に殺されるのを目の当たりにして、心を痛めたものです。

　冬がくると、白い湯気が立つ鍋、おいしい香り、大家族の賑やかな夕餉が懐かしく甦ります。へかの終わりは、残り汁に、冷ご飯や餅、うどんを入れました。

　あれ、ほんとに、おいしかった。（中村）

でびら鰈《かれい》

骨太の身の少ない鰈ですが、たんぱく源として、カルシウム源として、よく食べられていました。金槌で叩いて骨を砕いて焼くと、骨まで食べることが出来ました。同じ干し魚でもきんたろうは、深みのあるおいしい魚でした。

ワニの刺身

ワニといっても、あの鰐ではなく鮫です。当時、無塩物として入った魚のひとつで、お祭りなどのハレの日に登場しました。生姜じょうゆでいただきます。今はあまりお目にかかれませんが、頓原の道の駅「やまなみ」で食べることが出来ます。

精進かき揚げ

あと一品欲しいな、というような時に、作られた簡単天ぷらです。材料も、そのへんに転がっている野菜、人参、玉ねぎ、ごぼうなど。すべて線切りにして、桜海老でも加われば、彩のよい立派なおかずでした。

鯨のみそ汁

黒い皮の付いた脂身（砥石と言っていた）を薄切りにし、豆腐や、野菜をたっぷり入れたみそ汁。小学校時代の給食にも登場しました。その他、この脂身は酢みそ和えに、赤身は、へかに、しっかり味を付けてステーキ風になりました。

ちしゃもみ

あのころ、野菜は有機農法で作られていました。とくに生で食べる場合は、洗って、洗って……と、しつこく言われたものです。ちしゃは、手でちぎり、塩を振って水気を絞り、じゃこを加えて和えます。シャキシャキ感が身上の一品です。

蕪《かぶ》と干し柿の酢の物

❶干し柿は、へたと種を取って太めの線切りに。
❷蕪は厚めに皮をむいて短冊切りにし、塩を振って、しばらくおき、軽く絞る。
❸合わせ酢で和え、柚子の皮の線切りを。

しその葉とじゃこの佃煮風

❶しその葉（実も）は、茹でて水にさらし、アクを取り、絞ってざく切りに。
❷じゃこ、酒、砂糖、酢を入れてゆっくり煮詰める。
保存食として、お茶うけにも、ご飯の友にも。

さつま芋の茎の山かけ

❶さつま芋の茎は、熱湯で軽く茹で、冷水にとって皮をむく。
❷吸いもの位の味加減でサッと煮て冷ます。
❸山芋をすりおろし、味を付けて②にかける。さつま芋の茎や、ずいきなど、色々と工夫して食べました。

糸瓜の酢の物

糸瓜は、輪切りにし、種を取って茹で、ほぐして食べやすい大きさに切り、甘酢で和えます。幼少時に初めて食べたとき、上手に細切りしたものだと思い込んでいました。きゅうり、蟹かまぼこなどと合わせると、歯ごたえの良いサラダに。

古漬けの辛煮

大根、白菜、蕪など、古くなった漬物は、少し塩分が残るくらいに水にさらして塩抜きをします。写真はいりこだしで煮て、砂糖としょうゆで味を付け、赤唐辛子で辛みを加えたものですが、油で炒めたりもしました。

みょうがとピーマンの塩もみ

梅雨に入るころには、みょうがもピーマンも育ちます。それぞれを、細切りにし、塩少量で味を付けた、手のかからない一品です。裏に出ると、食材がすぐ手に入る、現在、都会に住む者にとっては、夢のような時代でした。

白菜の塩漬け

祭りのころになると、縁側や、専用の棚を作って白菜を干す風景が、あちこちで見られました。漬けるときに加えるのは、干した柿の皮、柚子の皮、細切りの昆布、唐辛子など。各家庭によって、オリジナルの味が出てきます。

塩餡のおはぎ

❶もち米、うるち米各2カップでご飯を炊く。
❷あずき2カップを柔くなるまで煮て、塩大さじ1弱で味を付ける。
この分量で、20〜24個が作れます。食べるときに、小さじ1杯の砂糖（グラニュー糖）をかけます。

健康を考えたら、塩餡がお勧め

塩餡《しおあん》だからこそ味わえる小豆の香り。今でこそ懐かしく思っていますが、あのころは、砂糖は貴重品、餡を甘くするには、相当の量を使うことになります。倹約のために作られていたのですが、これは糖分を控えた、体には優しいおはぎです。

1品持ち寄りパーティーなどに持参すると、いつも大好評です。左党の殿方にも、さっぱり味だと人気です。

塩餡のおはぎは、どこの店を探してもありません。祖母や、母の味を思い出しながら、ときどき作り、冷凍保存しています。（倉橋）

大根の葉のふりかけ

❶大根の葉は、サッと茹でて、冷水にとり、みじん切りにしてしっかり水気を切る。
❷①をから煎りし、じゃこや、板わかめをもんで加える。
おにぎりの具や、お弁当にもよく入っていました。

梅干

梅干は、どこの家庭でも作られていました。当時の梅干しは、3合塩といって、かなり塩分の強いものでしたが、最近は、20%くらいです。このときにできる梅酢は、赤紫蘇をもむのに使います。また、みょうがや生姜を漬けるなど、利用価値は大。

大根の煮なます

薄くふいだ大根と人参、油揚げを煮て、仕上げに米酢を入れたお惣菜です。
油揚げの代わりに、ちくわや塩鯖も使いました。へか鍋で、たくさん煮ながら食べることもあり、手軽にでき、酢の香りが食欲をそそりました。

紫蘇穂《しそぼ》のみそ絡め

❶紫蘇穂は、花が2〜3個付いているものを使う。❷みそを絡みやすい状態に酒で溶き、唐辛子粉、胡麻などを入れて①を絡める。❸もろぶたなどに並べて天日干しし、食べるときにサッとあぶる。
酒の肴に、お茶漬けに。

蒸しパン

今は、ホットケーキミックスなるものが市販されているので、簡単に作れますが、あの、重曹の効いた蒸しパンの味は忘れられません。さつま芋を入れたり、りんごが入っていたり、お母さん手作りのおやつでした。

香煎《こうせん》

麦を炒って粉にしたもの（はったい粉）に、砂糖と、ごく少量の塩を入れ、熱湯を加えてかき混ぜて作りました。夏は冷水でさっぱりと。固さは好みで、お湯や水の量で調節。小さな子供でも簡単に作れるおやつでした。

なつめ

生のなつめは、りんごのようなシャキッとした歯ごたえですが、蒸して天日干しにすると、より甘みが増して、独特のなつめの香りを楽しむことが出来ます。保存して、晩秋から冬のおやつでした。

蒸かし芋

じゃが芋（きんか芋とも言っていた）を蒸かし、塩を振って、みそを付け、夕ご飯までの腹つなぎのおやつとしてよく食べました。終戦直後は代用食として、食卓に並んだものです。さつま芋も蒸かしたり、焚火《たきび》で焼いたりしました。

柚香《ゆこう》

❶柚子は半分に切って種を取り、3～4㎜に切って蒸す。
❷つまんでつぶれるくらいになったら厚手の鍋に移し、柚子の量の半分の砂糖を加えしばらくおく。砂糖が溶けたら10分弱煮て塩で味を調える。
お茶うけに、おやつに。

蕗《ふき》みそ

❶10個ほどの蕗の薹は塩茹でし、水にさらす。❷田舎みそ200ｇに酒1/2カップ、砂糖、みりん各大さじ5を加え、とろ火で練る。
❸②に①を入れ、ぽってりするまで（1～2分）混ぜる。
春の香りいっぱいの一品です。

無花果《いちぢく》の甘煮

熟しきらなかった無花果は、甘く煮て、おやつやお茶口になりました。鍋に無花果を入れて、ひたひたに水を加え、砂糖で甘みを付けた簡単なものですが、都会では味わえない懐かしい味です。

かち栗

拾ってきた柴栗を、カチカチになるまで干します。保存するための手段です。戻して砂糖を加え、じっくりと柔らかくなるまで煮た甘煮は、子供たちにとって最高のおやつでした。柴栗の甘みは豆との相性も良く、含め煮にもなりました。

徹底したエコライフ

身近にあるものを上手に利用し、長持ちさせるために、あの手この手と工夫を凝らしました。
道具を大切にし、とことん使い切る。使い捨ての現代では考えられない、頭の下がる先人たちの知恵です。

竹の皮の利用

ビニール袋も、ラップも、アルミ箔もない。そんな時代、物を包む大きな役割を担っていたのが竹の皮です。

筍が成長し、皮が竹やぶにパラパラと落ちてきます。孟宗竹の皮は大きくて、使い勝手の良いものでした。

皮の内側は、水分をはじくとともに、ものが付きにくいのです。

お肉屋さんで、肉を包んで、竹の皮の端を細く裂き、クルクルっと巻いて結んでくれたこと、竹の皮の中に梅干を入れ、三角に折って、隙間から、チュウチュウ吸ったこと、覚えていませんか?

絞り染の際に、染めたくない部分を竹の皮で巻き、しっかりと糸で縛って使うこともありました。

今では、高級な羊羹《ようかん》や、もったいを付けて、お赤飯を包んでくれるお店があるくらいです。

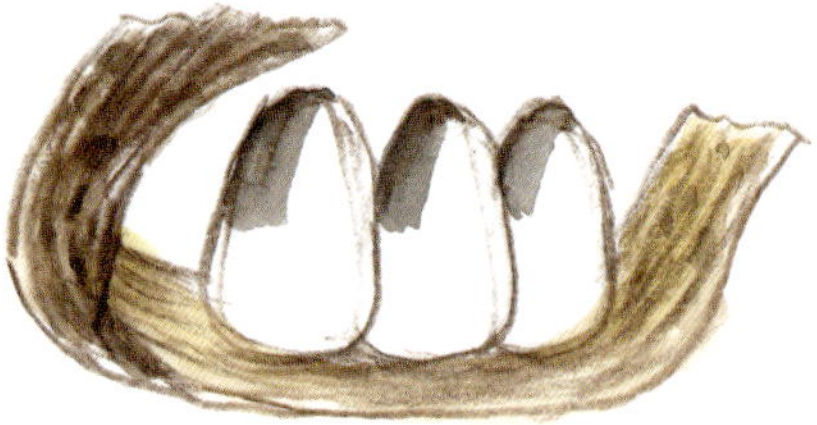

おにぎりの包みは竹の皮と決まっていました。

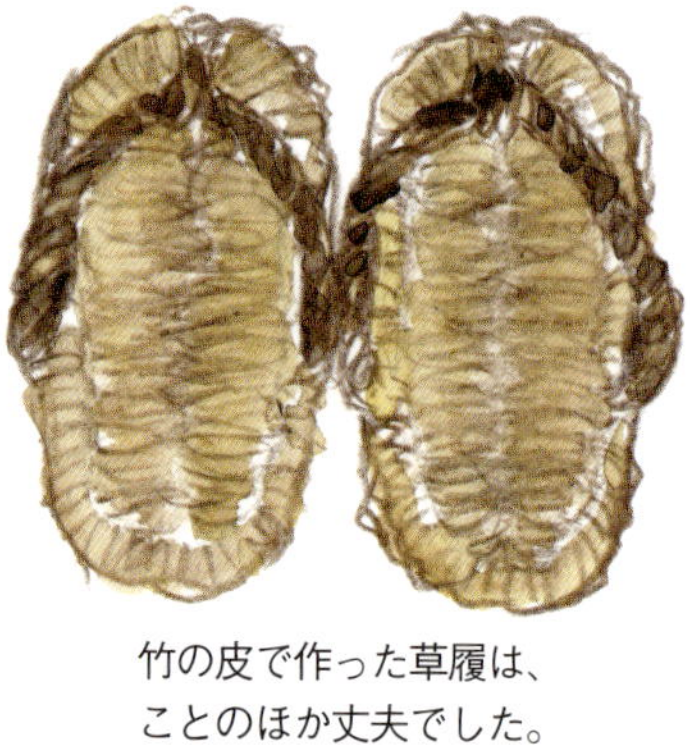

竹の皮で作った草履は、ことのほか丈夫でした。

魚を煮るときは、鍋底に付かないように。

柿渋の効用

柿の花が終わると、小さな実が付きます。おもに野生の柿を山から採ってくることが多かったようですが、裏庭の、吊るし柿用の渋柿も間引き、利用しました。

ヘタを除いて、餅つき用の臼《うす》に入れ、杵《きね》でつぶし、その汁を布でこして使うのです。

渋は、水をはじくので、濡れ縁や板壁に塗って腐食を防ぎました。

搾《しぼ》りたては透明ですから、ニスのような役割です。

一升瓶に入れて保存していましたが、古くなると茶色に変色し、だんだん濃さを増していきます。

この、ちょっと古くなった渋は、色々と利用価値のあるものでした。

底の抜けた竹籠（そうき）、箕も、障子の張替えで剥がした古い障子紙をちぎって貼り、乾かしてはまた紙を載せて塗る。何層にも重ねることによって、丈夫になり、粉のような細かい物も入れることが可能な、便利品に変身します。

破れた団扇《うちわ》も丈夫になって、台所で活躍しました。

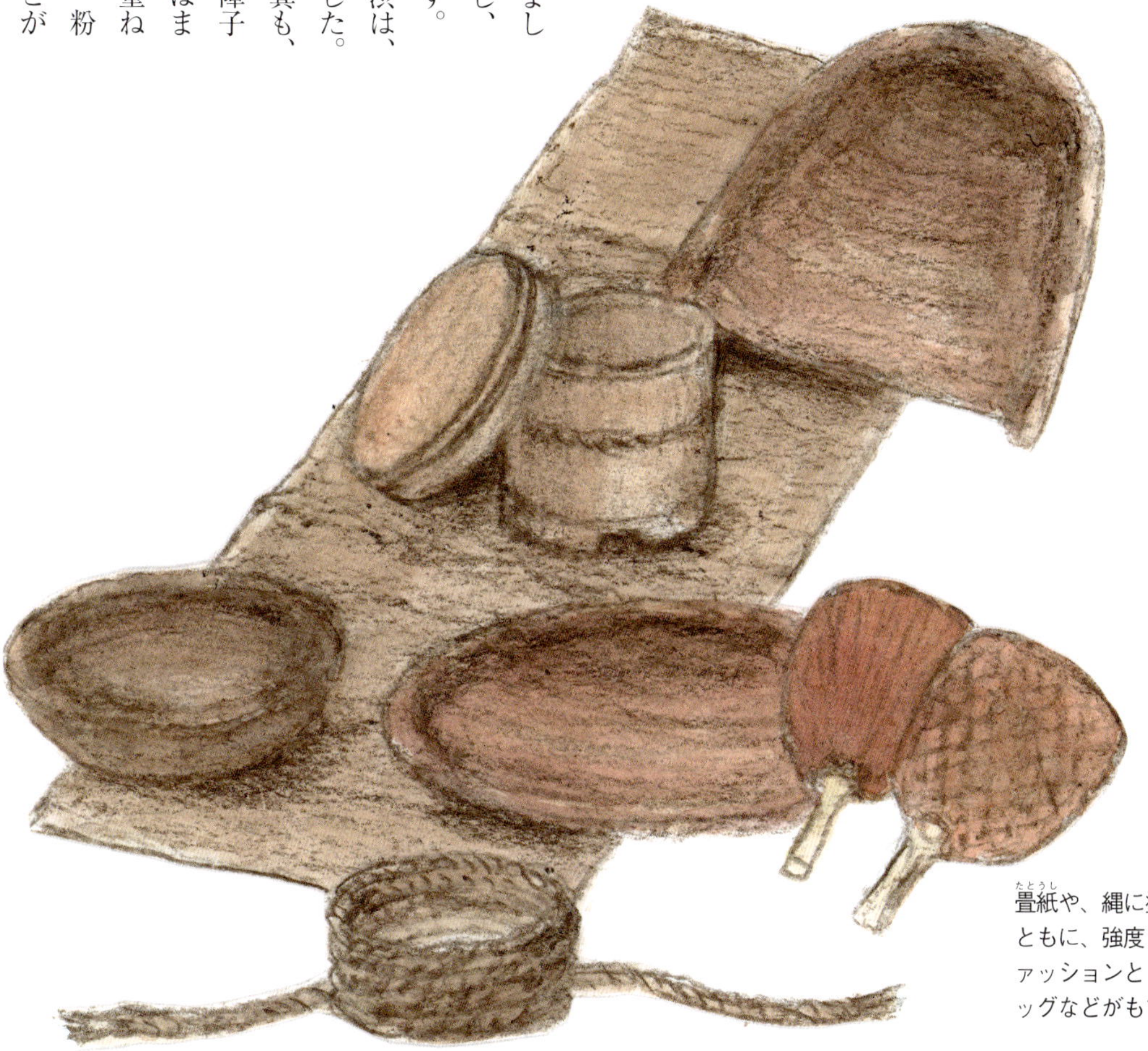

畳紙《たとうし》や、縄に塗ることで、水を弾くとともに、強度も増します。今では、ファッションとして、渋染めの洋服、バッグなどがもてはやされています。

子供の遊び

子供のころはよく遊びました。テレビもゲームもなかったころのことです。もっぱら外での遊びが中心で、自分たちで作った道具、身の回りにあるものを上手に利用して、日が暮れるまで、遊びに夢中でした。

夕食の後は、遊び疲れて眠くなり、宿題なんかそっちのけでした。

男の子の遊び

釘《くぎ》立て

5寸釘を思いっきりよく地面に立てるゲームです。誤って、足に刺さらないようにと、大人たちによく注意されたものです。

輪回し

自転車のタイヤを外したリムを、そこいらへんにある棒きれで、転がす遊びです。長く回した者が勝ち。

てんか（ビー玉遊び）

穴に入れるのが最終目標ですが、敵の玉を弾いて、自分の玉を、より穴の近くに進めます。

三角ベースの野球

寺の境内や、ちょっとした広場でやりました。プレーするよりも、草むらや、藪に入った球探しの時間が多かったようです。

独楽《こま》回し

木を削って手作りしましたが、雑貨屋で売っていたブリキのうなり独楽は、紐で叩くと、いつまでもブーンブーンと鳴っていました。

馬跳び

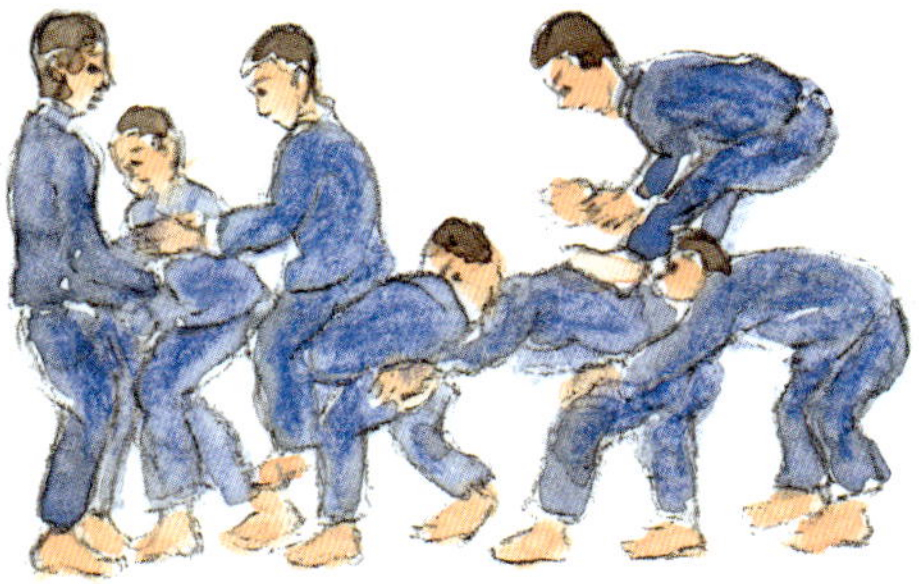

助走をつけて馬になった者の背中へ乗り、立っている親とじゃんけんをします。負けたら馬の最後尾に付くという、屋内での遊びです。

パッチン（めんこ）

相手のカードを裏返すゲームです。より強度を増すために油を塗ったりしました。お相撲さんや野球選手を描いたものが人気でした。

竹馬

山から竹を切ってきて、これも手作りです。足を乗せる高さを次第に高くすると、いつもとは違った視界が開け、爽快でした。

肉弾

地面に一周できる、複雑な道を描きます。陣地から出た者同士が押し合いで道の外へはじき出し、残った人数が多い組が勝ち、という体力勝負の遊び。

缶蹴り

空き缶を使った〝かくれんぼ〟です。缶を出来るだけ遠くに蹴ります。鬼になった者が拾ってくる間に、みんなは隠れます。国鉄バスの駅前広場が遊び場でした。

自転車の三角乗り

子供用の自転車などありませんでした。大きな自転車の三角の部分に足を入れて、器用に走ったものです。

女の子の遊び

ゴム跳び

輪ゴムをつないで、高さを順に上げてゆき、それをクリアーする遊びです。パンツが見えてしまうのもお構いなし。夢中になった遊びのひとつです。

鞠《まり》つき

〝一匁のいーすけさん、いの字が嫌いで……〟というような手毬唄を歌いながら、いかに長く続けられるかを競う遊びです。鞠はゴム製でした。

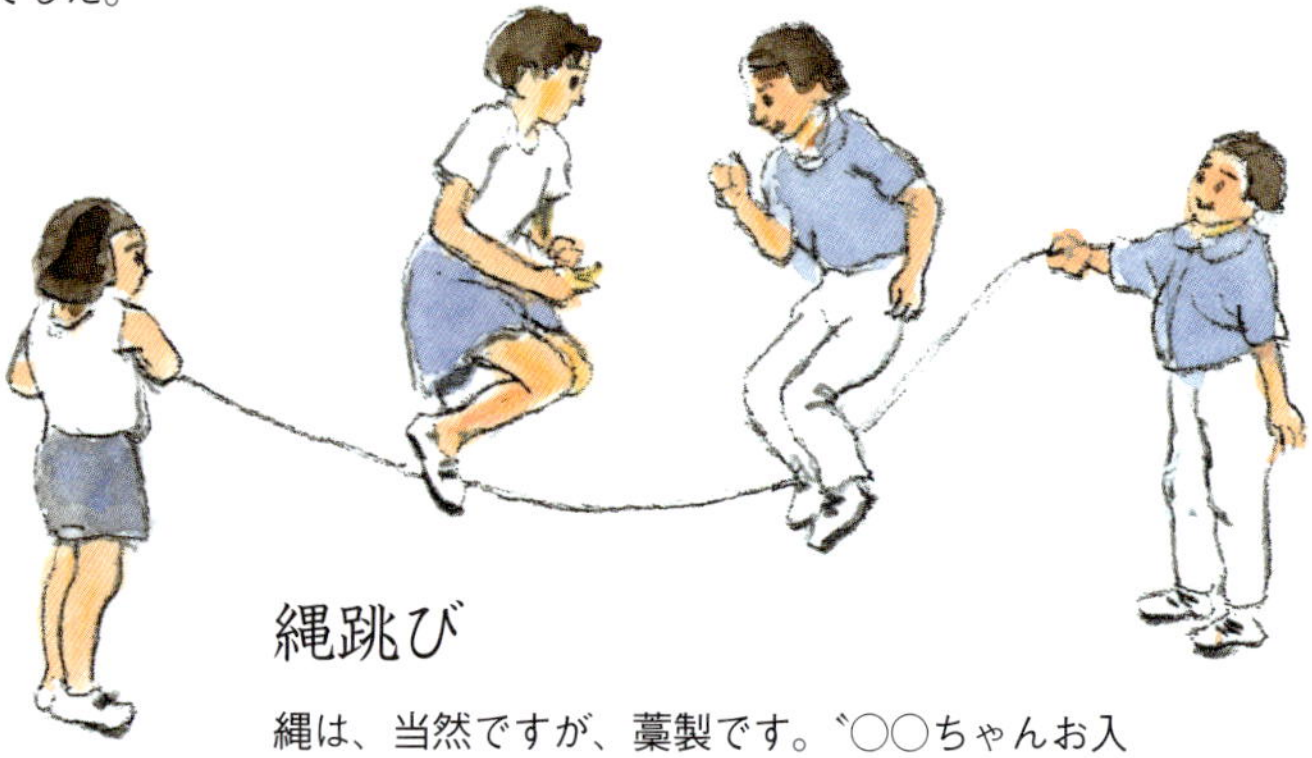

縄跳び

縄は、当然ですが、藁製です。〝○○ちゃんお入り……〟などの歌に載ってリズムよく跳ぶのですが、うっかり足がひっかかると、回し手に。

石けり

地面に描いた枠内に石を置き、その石を蹴りながら、順に進みます。河原から、できるだけ平らな形のいい石を拾って来て使いました。

ドッジボール

学校の体育の時間にも、よく取り入れられたゲームです。女の子の中にも豪力がいて、ちょっと怖い思いもしました。

おじゃみ（お手玉）

〝おじゃみ、おひとつと、おひとつと、おひとつ落としておさら……〟などと歌いながら。おじゃみはもちろん手作りです。

おじゃみの作り方

材料／9㎝×4.5㎝の布2種（計4枚）。小豆、またはじゅず玉40ｇ。こはぜ、または小さな鈴1個。

❶あらかじめ布を図のように配置する。別柄同士の布を中表に合わせ、5㎜の縫い代を付けて2枚ずつを縫い合わせる。

❷①の中心になる部分を合わせて2枚をつなぐ。

❸1か所だけ残して残りの部分を縫い合わせる。

❹袋の口から小豆（じゅず玉）、こはぜ（鈴）を入れて、口を閉じる。

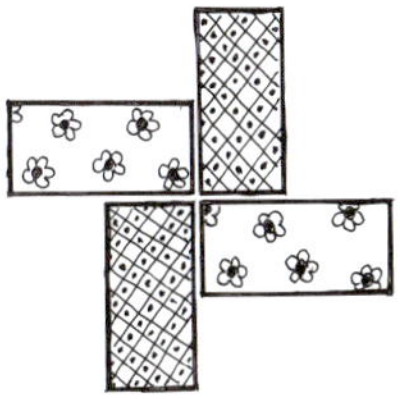

おはじき

ガラスでできたおはじきには、きれいな色のものがたくさんありました。当てたおはじきは自分のものになり、いかに多くを取るかの遊びです。

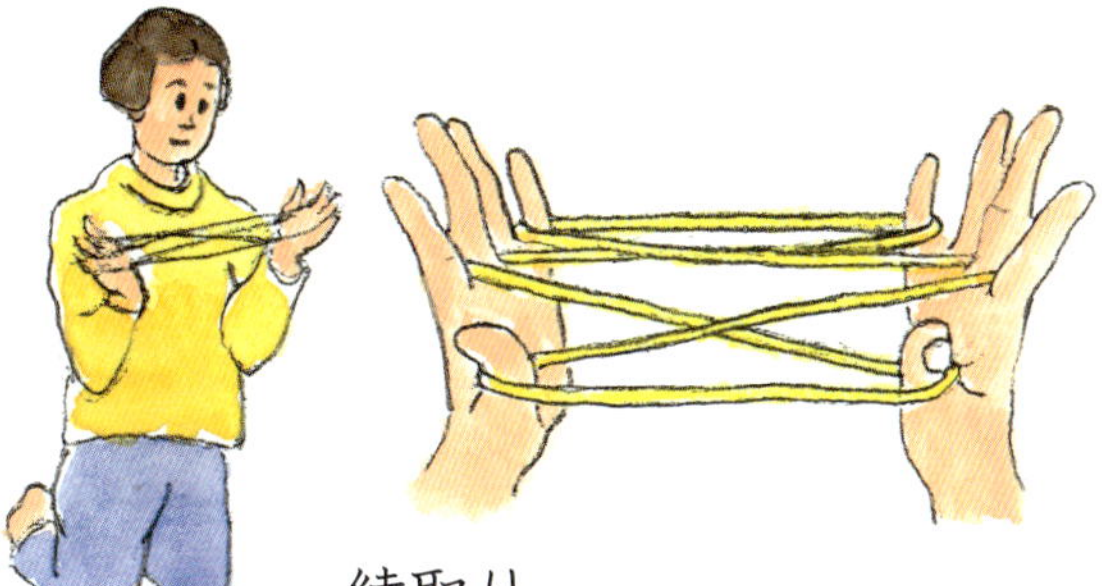

綾取り

残り毛糸を輪にして結び、川や橋、鼓などの複雑な形を、指の動きだけで作っていきます。一人遊びもできますが、ふたりでとり合うこともしました。

うそ？ ほんと？

民間療法とおまじない

転んで膝を擦りむいた、風邪かな？ 喉が痛い。

このくらいのことなら、病院へ行くほどでもない。そんな症状を緩和する、あの手、この手。眉唾《まゆつば》ものもありましたが、理にかなったものもありました。

それらは、先人たちの知恵が生んだ、貴重であり、興味深い慣習です。

目ぼいとう（ものもらい）

櫛の歯を火であぶり、目をこする。藁しびを目の前で結び、その藁を焼く。井戸を覗いて目元に小豆を当て、それを落とす。

喉の痛み

乾煎りした塩を袋に入れ、手拭いで包んで喉に巻く。

風邪かな？　おなじみの卵酒。

リンパが腫れたら

囲炉裏の灰の上に足形をつけ、そこにやいと（お灸）をすえる。

しゃっくり止め

茶碗に水を入れて箸で十文字を書き、その四方から水を飲む。

車の酔い止め

種を取った梅干を開き、臍《へそ》に貼る。

頭痛

種を取った梅干を開き、こめかみに貼る。

ほおずき

カラカラに干して、丸い実の中を取り出し、しもやけに塗りました。根は咳止め、利尿効果あり。

身近な薬草

血止め草

葉をもんで、傷口に貼る。

毒だみ

整腸、解毒、利尿に。乾燥させ、煎じて使います。

南天

実を干して煎じ、咳止めに。

足のしびれを治す
まつ毛に唾を付ける。

扁桃腺の弱い人は
真綿や包帯を首に巻く。

ひきつけ
雪の下の葉の搾り汁を口に垂らす。

便秘
南天の葉を噛みながら、トイレでいきむ。

美声になるように　黒豆の煮汁を飲む。

美肌作り
鶯の糞で顔を洗う。糠《ぬか》を煎って袋に入れ、それで顔を洗う。乾燥させたみかんの皮を袋に入れ、入浴剤として使う。

歯が抜けたら
「ねずみさん、ねずみさん、いい歯と替えてくれ」と言いながら、抜けた上の歯は床の下へ、下の歯は天井裏へ投げる。

みかんの皮

橘の実の皮は漢方薬。身近なみかんは皮を干し、同様に干した大根の葉と合わせ風呂に入れると温まる。

げんのしょうこ

下痢止め、整腸。乾燥させて煎じて飲みます。

せんぶり

乾燥させて煎じ、胃薬として。

雪の下

葉を腫れものに貼る。

お国言葉

今でこそ、方言が見直され、ドラマのタイトルになったり、それを売りものにしているタレントもいますが、故郷を離れて都会に出た者たちは、少なからず、言葉の違いに戸惑ったのではないでしょうか。

年月を経ても、同窓会で皆と顔を合わせたときなどには、ごく自然に出てくるのがお国言葉。方言は、標準語にはない、適切な表現もあります。味わい深い言葉もあります。忘れたくない、そのいくつかを拾い出してみました。

あずる　苦労する、困る、窮する。睡眠中に動き回る。

いけん　いけない。だめ。

いたしい　難しい、難儀。具合が悪い、体調が悪い、苦しい、体に苦痛を感じる。

いなげな　おかしな様、変な様子。

いぬる　帰る、去る。

いわえる　結ぶ。

えっと　沢山。

おぞい　恐ろしい。

がんじょう　仕事に勢を出す、勤勉に働く者。

きんか　髪のない頭、禿げ頭。

くぎる　焦げる。

ごいてえ　ください、ちょうだい。

こぐ　折る、部分的に欠く。

こぐ　雪中や、藪の中の、道なき道を押し分けて進む。

こげる　物の一部が壊れる、欠ける。

こすい　ずるい、悪賢い。

ごせえ　よこせ。

こまい　物が小さい、細かい、年齢が低い。

さばる　つかまえる、取り付く。

ざまく　雑、粗い。

しじれる　煮詰まって汁気が無くなる、焦げる。

しんさい　しなさい。

しわい　苦しい、難儀。

しわぐ　叩く、殴る。

ずいたれ　食いしん坊。

せっぱい　精一杯。
そら　高い所（そらの畑）。
ぞんぞがつく　寒さを感じたり、恐ろしさで震え上がったりするさま。
たいがい　大部分、大方。
ちばける　あわてる、狼狽する。
ちょんぼし　ちょっと、少し。
どべ　びり、最後尾。
どんぼ　先が減った様子（鉛筆がどんぼになった）。
なば　茸。
にがる　腹が激しく痛む。
ねき　近く。
はしり　台所の流し台。

はしる　ひりひり痛む（歯がはしるなど）。
晩じまして　晩になりました。日暮れ時のあいさつ。
ひてえ　一日。
びったれ　不潔なこと、またはその人。
びく　女の子を卑しめた呼び方、小娘。
ほがを向く　よそ見をする、ぼんやりする。
ほぼろを売る　妻が無断で実家へ帰る。逃げ帰る。
まくれる　転ぶ、倒れる。
まげな　立派な、おいしそうな。
まげに　上手に。
みてる　終わる、無くなる。
めげる　壊れる。

そらの畑の奥の山へ、なばこぎに行ったら、香茸が、えっと採れた。ところが、いのう思うて、ちょんぼし、ほがあ向いて歩いとったら、まくれてしもうて……。切り株で手を切ったのが、はしってのう。

上の畑の奥にある山へ、茸を取りに行ったら、香茸がたくさん採れた。ところが、帰ろうと思い、ちょっとよそ見をして歩いていたら転んでしまった。切り株で手を切ったのが、ひりひり痛くて……。

あとがき

この歳時記を思いついたのは、平成26年の3月、3人が有馬温泉に出かけたときのことでした。あんなことがあった、こんなこともあったと、昔話をしているなかから生まれました。メモ用紙もなく、包装紙の裏に年中行事の項目出しを殴り書きするような状態でのスタートでした。

その年は、運よく5月に同窓会があり、それまでに、それぞれがプランを持ち寄ることになり、分担を決め、本格的に取り組むことになりました。

そこで、子供のころから絵が得意だった福田さんを引きずり込むことになり、交渉の結果、快諾を得ることができ、全体像が見えてきました。とはいっても、まだまだ形になっているものは何ひとつありません。

次に3人が顔を揃えたのは、翌年の2月、熱海に集合して、3日がかりでアウトラインを決め、最終日に福田さんが合流して挿絵の打ち合わせ。

かくして、中村さんは松江へ、三島さんは和歌山へ、倉橋は東京へと帰って行きました。

その後、食材の都合で、3回ばかりに分けて、料理の撮影に松江の中村家を訪れ、泊りがけの作業が続きました。

が、どの作業も体力的には若いころのようにはいきませんでしたが、とても楽しく進めることができました。

この歳時記を作って感じたことは、いかに恵まれた時代に生きているかということ。先人たちに作ってもらった土台の上で暮らせることに、感謝、感謝の気持ちでいっぱいです。あのころを振り返ってみると、古き良き時代の人とのつながり、ソフトな空気が甦ってきます。

制作に当たり、食材集めや、資料収集に於いて、難波俊司さん、澤田定成さん、三島弥生さんを初め多くの方々にご協力いただきました。厚くお礼申し上げます。

平成28年12月吉日　倉橋恵理佳　記

下市の通称「えべっさん」から見た昭和初期の赤名の町並。

協力（敬称略）

倉橋 英（赤穴八幡宮宮司）
三東敬志（写真家）
松江市八雲郷土文化保存伝習施設
赤名小唄（作詞・倉橋清延）

参考資料

赤来町史
むかしの赤名
飯南町の植物ガイドブック
日本国語大辞典（全13巻・小学館）

挿絵参考資料・協力

昔のくらし、昔の道具、年中行事、日本の農業（ポプラ社）／昔の子どものくらし事典、日本のくらし知恵事典（岩崎書店）／遊び図鑑（福音館書店）／遊びガイド（ひかりのくに）／夏の野あそび（大日本図書）／学研生物図鑑〈昆虫、植物、鳥〉（学習研究社）／植物図鑑（小学館）／昆虫のふしぎ（あかね書房）／日本の伝統文化（国土社編集部）／昭和のくらし絵事典（PHP研究所）／なつかしの縁日大図鑑（河出書房新社）練馬区立大泉図書館／西東京市図書館／人形の「久月」

スタッフリスト

装丁・レイアウト　姥谷英子

挿絵　福田穎籽（元・JA勤務、桜美会会員）

夢見草の会

編集・写真・文
倉橋惠理佳（小学館で、40年間編集に携わる。
著書に『欅の簞笥』（敬文舎）がある）

料理・写真
中村淳子（料理家、栄養士）

取材
三島貴美枝（元・和歌山日赤看護師）

出雲・赤名　あのころの思い出歳時記

2016年12月17日　第1版 第1刷発行
2017年1月27日　第1版 第2刷発行

著　者　夢見草の会
発行者　柳町 敬直
発行所　株式会社 敬文舎
〒160-0023　東京都新宿区西新宿3-3-23
ファミール西新宿405号
電話　03-6302-0699（編集・販売）
URL　http://k-bun.co.jp
印刷・製本　中央精版印刷株式会社

Printed in Japan　ISBN978-4-906822-85-0

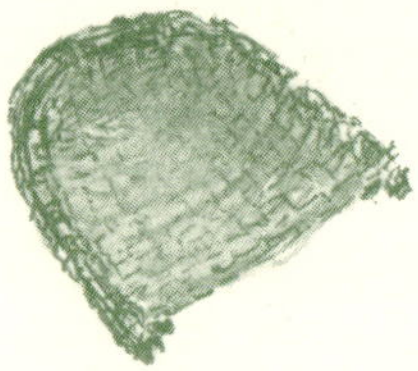

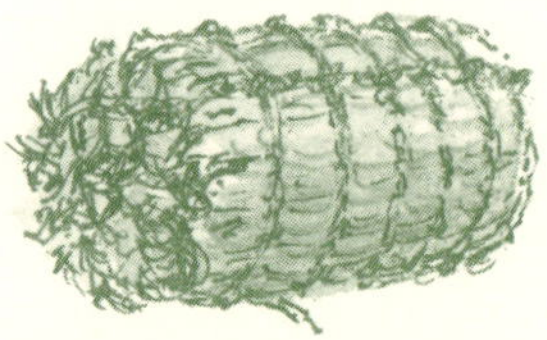